最速上達
バッティング

監修
平野裕一（国立スポーツ科学センター　スポーツ科学研究部部長）
菊池壮光（東京ガス硬式野球部監督）

成美堂出版

最速上達 バッティング

CONTENTS

PART 2 スイングの本質

PART 3 ボールを見る

column

最速上達バッティング

本書の特徴

特徴①

バッティングの基本技術とカラダの使い方がわかる!!

1
FEATURES

本書には野球が上達する基本技術がわかりやすく解説されています。同時に、筋肉の働きを中心としたカラダの使い方も解説していますので、動き方がわからない初心者の方から、基本技術を再確認して更なるレベルアップを目指す中級者の方にとっても役立つ一冊となっています。また、監修には国立科学スポーツセンターでスポーツバイオメカニクスを研究されている平野裕一氏と、東京ガス硬式野球部監督の菊池壮光氏を迎え、多角的なアプローチによって野球技術を解説しています。

特徴②

基礎技術をわかりやすく紹介 上達のコツもはっきりわかる!!

2
FEATURES

バッティングの基礎技術はここで紹介しています。毎ページに「上達のコツ」を掲載しているので個人技術上達に役立ててください。コツをつかめれば技術はみるみるうちに上達するでしょう。

特徴③
少人数で取り組める
弱点克服練習ドリルを紹介!!

部活動でやるような練習とは別に、ひとりでもおこなえるような練習メニューを中心に掲載しています。日々の練習の積み重ねこそが技術上達の近道ですので、努力を怠らず頑張ってください。

特徴④
スイングスピードが上がる!!
自重体幹トレーニングを掲載

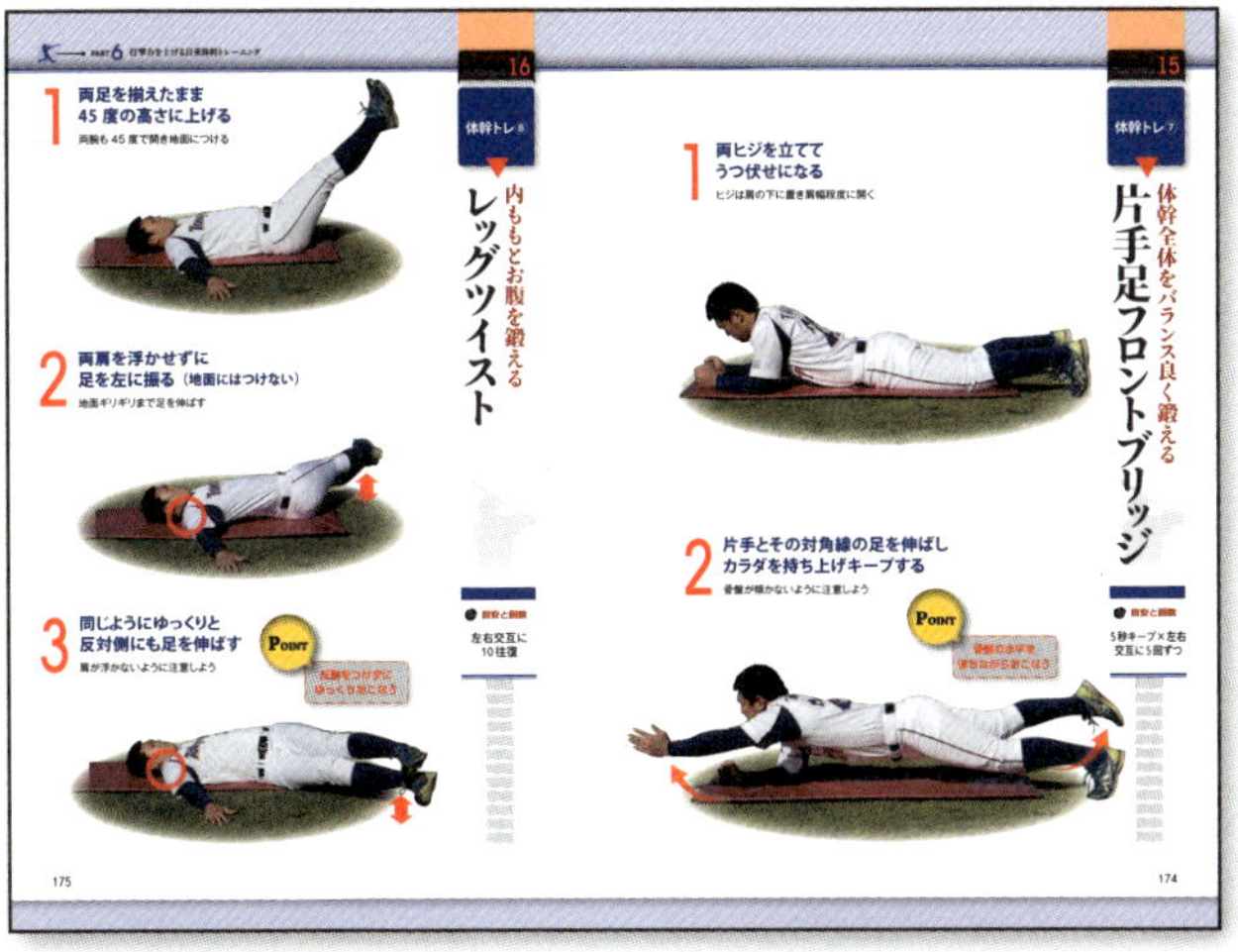

ダンベルなどの器具は使わずに自分の体重で鍛えるので成長期の子どもから大人まで自分のレベルでおこなえます。スイングの土台となる下半身や体幹が鍛えられれば必ず飛距離もアップするでしょう。

連続写真で見る パワーの伝わり方

この連続写真は下半身でつくられた運動エネルギーがバットへ伝わるまでの力の伝達を簡略化してわかりやすくしたものだ。

前足でカベをつくり腰を回転させる

後ろ足から体重移動した力を前足で受け止めることで腰が鋭く回転する

ねじられた体幹を戻すように肩が回転

腰の回転によってねじられた体幹部を戻すように肩が鋭く回転する

1

前足をかるく動かして タイミングを取る

前足やグリップをかるく動かして
ピッチャーにタイミングを合わせる

2

軸足を安定させて テイクバック

股関節周りの筋肉で軸足を
安定させてテイクバックする

3

開きを抑えながら 前足のステップ

開きを抑えて前足をステップする
ことでカラダが大きくねじられる

6

ヘッドを走らせ 鋭くスイング

ヘッドを走らせるようなスイングをする
ことでスイングスピードが大きく増す

7

最後まで振り抜き フォロースルー

力みのないスイングができれば手首も
自然と返ったフォロースルーになる

筋肉の大きな下半身こそが最大のパワー源だ!!

バットを握る腕こそが最大のパワー源だと思われがちだが、実は、お尻や太ももなどカラダの中で最も大きな筋肉が付いている下半身こそが最大のパワー源なのだ。

1 お尻や太ももの筋肉で軸足を安定させて立つ

▸▸▸ 臀筋《でんきん》での安定

お尻を横から支える中臀筋や後ろから支えるとても大きな大臀筋などお尻の筋肉でパワーをつくる

▸▸▸ 大腿筋《だいたいきん》での安定

太ももの前にある大腿四頭筋や裏にあるハムストリングスはとても大きな筋肉であり、バッティング動作に大きく作用している

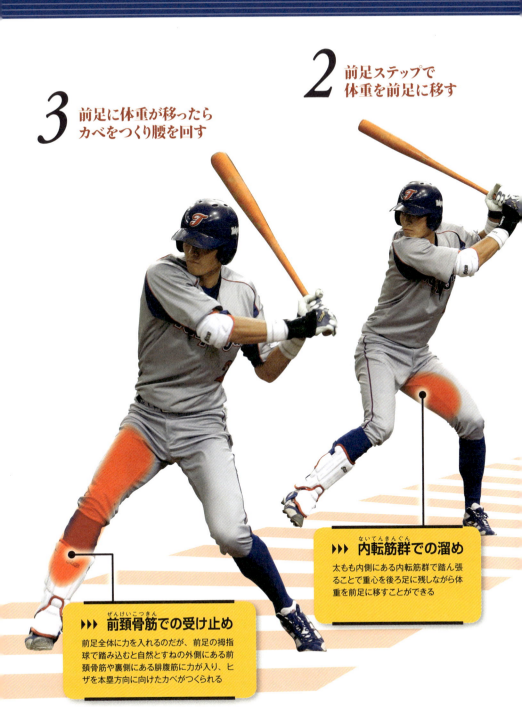

2 前足ステップで体重を前足に移す

▶▶▶ 内転筋群《ないてんきんぐん》での溜め

太もも内側にある内転筋群で踏ん張ることで重心を後ろ足に残しながら体重を前足に移すことができる

3 前足に体重が移ったらカベをつくり腰を回す

▶▶▶ 前頚骨筋《ぜんけいこつきん》での受け止め

前足全体に力を入れるのだが、前足の拇指球で踏み込むと自然とすねの外側にある前頚骨筋や裏側にある腓腹筋に力が入り、ヒザを本塁方向に向けたカベがつくられる

体幹部のねじりがパワーを増幅させ腕へと伝える!!

体幹とは簡単に言えば腕や脚を除いた胴体部のこと。下半身から生まれたスイングパワーは、この体幹を通って腕からバットへと伝わるのだ。

▶▶▶ 腹斜筋《ふくしゃきん》のねじり

前足と対角線の後ろ肩を結んだ線を軸にしてワキ腹にある腹斜筋や背中にある広背筋がねじられる

1 肩を閉じたまま腰が回転することで体幹がねじられる

▶▶▶ 上腕《じょうわん》のリード

肩を回転させながら力こぶができる上腕二頭筋や二の腕と言われる上腕三頭筋でバットをリードして理想のスイング軌道を描く

▶▶▶ ヒジや手首の柔軟性

力みのない柔軟なヒジや手首がしなやかなバットコントロールを可能にする

2 ねじりを開放するように
肩を鋭く回転させる

3 回転を止めずに
最後まで振り切る

コラム 1

練習のための練習では意味がない

ボールを見る練習の一環として、近づいてくるのを見る能力と横切るものを見る能力を鍛えるようとする人がいるが、トレーニング内容が野球から離れ専門的になりすぎると、そのトレーニングは熟練されるが、実際にボールを見る力が養われることにはつながらない。

　これは、マシン打撃はうまいのに試合では打てない選手と同じ原理だ。無意識的にマシン独特の音や、マシンに送られるボールからタイミングを計りスイングしているため、実戦での異なるタイミングから投げてくるピッチャーのボールにはタイミングを合わせることができないのだ。毎日の練習でも、その練習を上手にこなそうとするのではなく、常に試合を想定し練習することが大切だ。

PART 1

トップをつくる

成功させるには準備を怠らないこと。これはあらゆる物事に対する教訓だが、当然バッティングにも当てはまる。「トップをつくる」までのスイングの準備動作を整えることは、スイングを成功させる近道になる。

スイングを探る!!

バッティングとは？

好打者に共通する

フォーム確立の考え方

トップ(Part1で紹介)

トップとはかまえてからテイクバックをしてバットを一番後ろに引き上げたところを指す。この「かまえ→トップ」までは「スイングの準備」とも言い換えることができ、それは実に人それぞれであり、プロ野球選手であっても十人十色だ。つまりここには正解はなく、自分に合ったスイングの準備を見つけることが好打者への近道と言える。

＋

スイング(Part2で紹介)

スイングとはトップをつくってからバットを振り出しフォロースルーまでを指す。この「振り出し→フォロースルー」までの間には、好打者の多くに共通するポイントがいくつか存在する。つまりここには正解があるのだ。その正解をいち早く自分のものにして、頭で考えてからではなく、自然とその動作がおこなえるレベルまで高めよう。

＝

バッティング

バッティングと聞けば、個性的なかまえを思い浮かべがちだが、バッティングの本質はスイングにある。スイングの準備であるかまえに気を取られることなく、その本質を見極めよう。

PART 1

トップをつくる

かまえからトップまでの"スイングの準備"を確認しよう!!

バットの握り方 1

▶▶▶ P.20へGO!

指で握るのか、手のひらで握るのか、握りやすいバットの握り方を見つけよう。

バットを握る位置 2

▶▶▶ P.22へGO!

グリップを短く持つか、長く持つか、打席の状況にも合わせて対応しよう。

テイクバック 6

▶▶▶ P.32へGO!

前足を大きく上げるか、上げないか、タイミングの合わせ方は人それぞれでかまわない。

重心位置 7

▶▶▶ P.34へGO!

後ろ足の股関節に体重を感じることは打球を飛ばすには欠かせないスイング動作のひとつだ。

グリップ位置 5

▶▶▶ P.28,30へGO!

グリップをどの高さでかまえるかは選手によって大きく別れるところ。

立つ位置 4

▶▶▶ P.26へGO!

キャッチャー寄りか、ピッチャー寄りか、相手ピッチャーや状況で対応しよう。

スタンス 3

▶▶▶ P.24へGO!

打席内での足の幅や置く位置が変われば、球筋の見え方も変わってくる。

トップ 10

▶▶▶ P.40-44へGO!

どんなときでもトップの位置を一定にすることでスイングが安定する。

腕の使い方 9

▶▶▶ P.38へGO!

両腕と胸でつくる三角形をかまえからトップまで保ち、腕を自由に使う。

体重移動 8

▶▶▶ P.36へGO!

前足から後ろ足に体重をしっかり乗せることでスイングパワーが生まれる。

指で握る（フィンガーグリップ）

▼バットの握り方

"指"か"手の平"か握りやすい方を選ぼう

メリット
バットをコントロールしやすい
デメリット
パワーをバットに伝えづらい
後ろ腕の手首が自由に使え両ワキが閉まるかまえになる

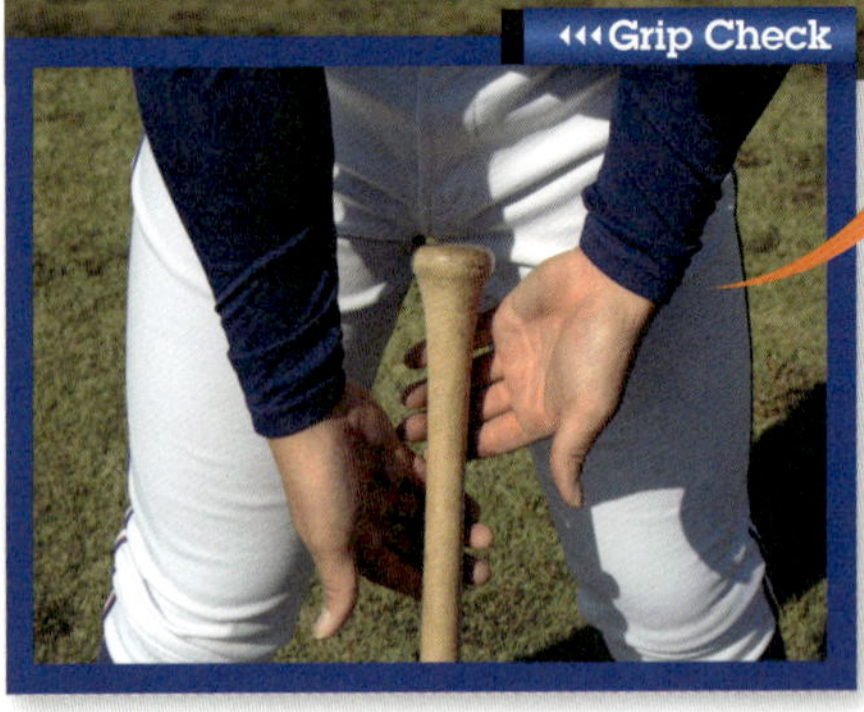
Grip Check

指の第二関節から付け根で握る

指で握ることで手首も柔らか使えるのでバットコントロールがしやすい。一般的にはアベレージヒッター向きとも言われる

パームとフィンガーのハイブリッドもおすすめ

何も知識を持たない人がバットを握ると手の平で握るパームグリップになる。それは手の平で握った方がバットをしっかりとつかむことができるから。しかし、当然ながら野球はバットを握るだけではダメ。スイングをしてボールをミートしなければならない。そこで、バットをコントロールしやすい握り方として指で握るフィンガーグリップがある。どちらも一長一短があるので、自分で両方を試し、合う握りを見つけよう。

それ以外にも、前がパームグリップで、後ろがフィンガーグリップという選手もいる。これは押しこむ力とコントロール性をバランス良く併せ持った握りとも言えるので試してみる価値があるだろう。

手の平で握る(パーム)

メリット

インパクト時に強く押し込める

デメリット

バットをコントロールしづらい

後ろ腕の手首を伸ばして手の平でしっかりグリップを握る

Grip Check

手のひらで包むように握る

グリップを手のひらでしっかりと握るので手首が固定され、インパクト時に押し込むようなスイングができる。一般的にはパワーヒッター向きとも言われる

最後までバットをスムーズに振り抜ける握りを見つけよう

上達のコツ
the keys to success

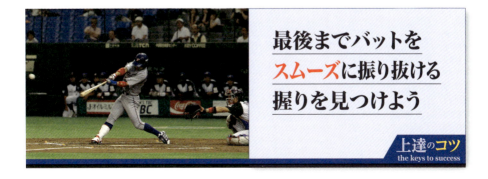

長く握る

▼バットを握る位置
握る位置を変えればスイングも変わる

メリット
スイングスピードが上がる
デメリット
ミートが難しくなる
ボールまでの距離も遠くなるのでバットを大きく振れスイングスピードが上がる。ツーストライクまではこの握りがベター
グリップエンドに指が振れる

自分のカラダに合ったバットを使うこと

グリップを長く握るか、短く握るかによって、スイングスピードやバットコントロールに変化が現れる。これは単純に、長い物を回せればスイングスピードが上がり、短い物を回せばカラダから近くなりコントロールしやすくなるという差だ。そのため多くの選手は追い込まれるまでは長く、追い込まれたら短く握る傾向にある。

ただし、長短の差は人それぞれだ。大切なことは、長く握ったときに力強くスイングできるか、短く握ったときにバットをコントロールできるかだ。もしバットが重ければ、長く握ったらカラダはぶれるし、短く握ってもコントロール性は上がらない。まずは、長く握ってしっかり振れるバットを見つけよう。

短く握る

メリット

ミートがしやすくなる

デメリット

スイングスピードが下がる

バットを回しやすくなるのでミートしやすい。三振を避けたいツーストライクからはこの握りがベター

グリップエンドまで指2~3本程度空ける

長く持って力強くスイングできるバットを選ぶ。

上達のコツ
the keys to success

▼スタンス

スタンスが変われば球の見え方やトップへの入り方が変わる

スクエアスタンス

メリット

姿勢に無理がない

デメリット

とくになし

オープンスタンスにくらべて若干球筋が見づらいとも言えなくもないが、とくに欠点もない標準的なスタンス。トップへも比較的すばやく入れる

Swing Check

前足を上げるだけで素早くトップに入れる。その後はそのまま足を前に下ろしてスイング

スイングしやすければどんな形でもOK

スタンスとはバッターボックス内での両足の置き方を指し、軸足となる後ろ足を基準に、前足を置く位置によって呼び方が変わる。

最も一般的なのが、「スクエアスタンス」だ。これは後ろ足と前足が、投手方向に向かって一直線上に並ぶ。とくに大きなデメリットもなく、自然に構えることができる。

一方、後ろ足に対して前足を開き気味に置くのが「オープンスタンス」だ。カラダがやや投手方向に向くので球筋を両目でしっかりと見られるというメリットがある。

このスタンスによって、球筋の見え方やトップへの入り方に違いが出るので、自分に合う形を見つけてみよう。

オープンスタンス

メリット

球筋が見えやすい

デメリット

トップまでの動作が大きくなる

カラダがやや投手側を向くので両目で球筋を追えるが、トップへ入る動作が大きくなるので、振り遅れないように早めの準備が大切になる

Swing Check

上げた足を下ろすときは軸足に対してオープンではなくスクエアに下ろす

慣れるまではスクエアスタンスを試してみよう。

上達のコツ
the keys to success

▼立つ位置
球筋をしっかり見られるキャッチャー寄りがベター

キャッチャー寄り

メリット

球をじっくり見られる

デメリット

変化球の曲がりが大きくなる

球筋が最後まで見え、球速も落ちてくるので、バッターボックスの一番後ろに立つのが合理的といえる

ピッチャー寄り

メリット

変化球の曲がりはじめを打てる

デメリット

球速をより速く感じてしまう

ピッチャー寄りに立てば、変化球が大きく曲がる前にミートすることできる

対戦ピッチャーや自分のクセから位置を決める

ルール上は、バッターボックスのどこに立ってもかまわないが、キャッチャー寄りに立つ選手が多い。これはボールを少しでも長く見たいというバッター心理によるものだ。速いストレートでも、わずかではあるが見極める時間が長くなる。しかし変化球では、キャッチャー寄りに立つほど変化が大きくなる。そのため対戦するピッチャーによって、前後の立ち位置を変えることはよくある。

一方、左右位置は、対戦投手よりも本人のスイングの形や苦手なコースによって決めることが多い。インコースが苦手なら多少離れるし、アウトコースが苦手ならベースに近寄る。また踏み込んで打ちたい人も離れてかまえる傾向にある。

ベースから離れる

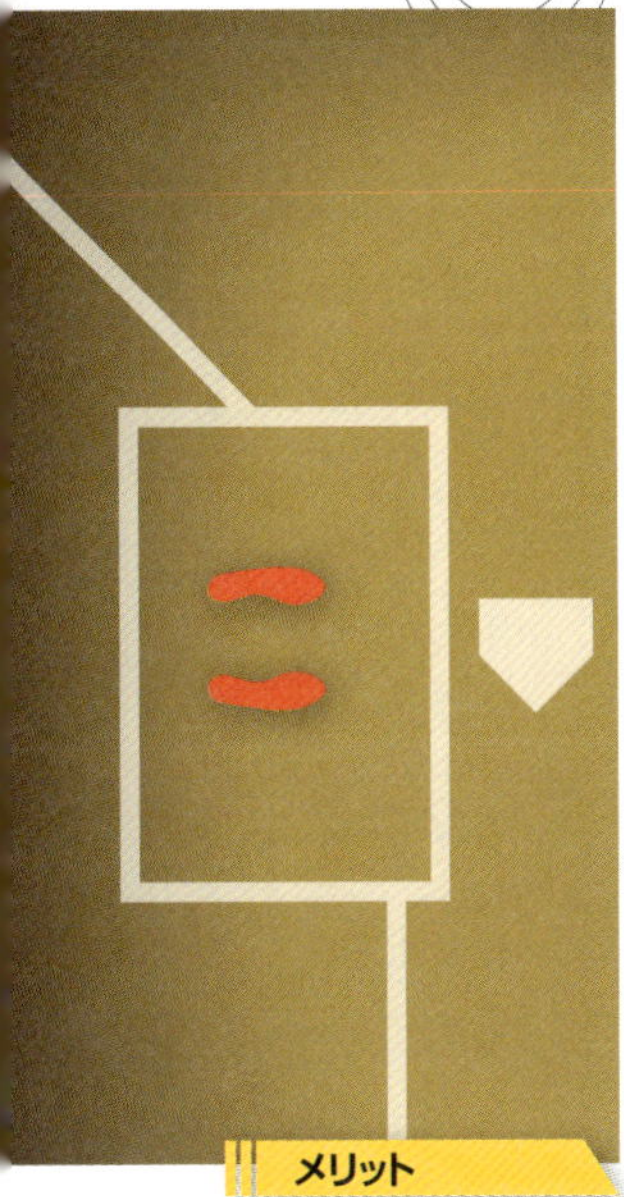

メリット

インコースが つまらない

デメリット

アウトコースに 届きづらい

インコースが苦手なバッターには良いが、アウトコースを打つにはベース側に踏む必要がある

真ん中

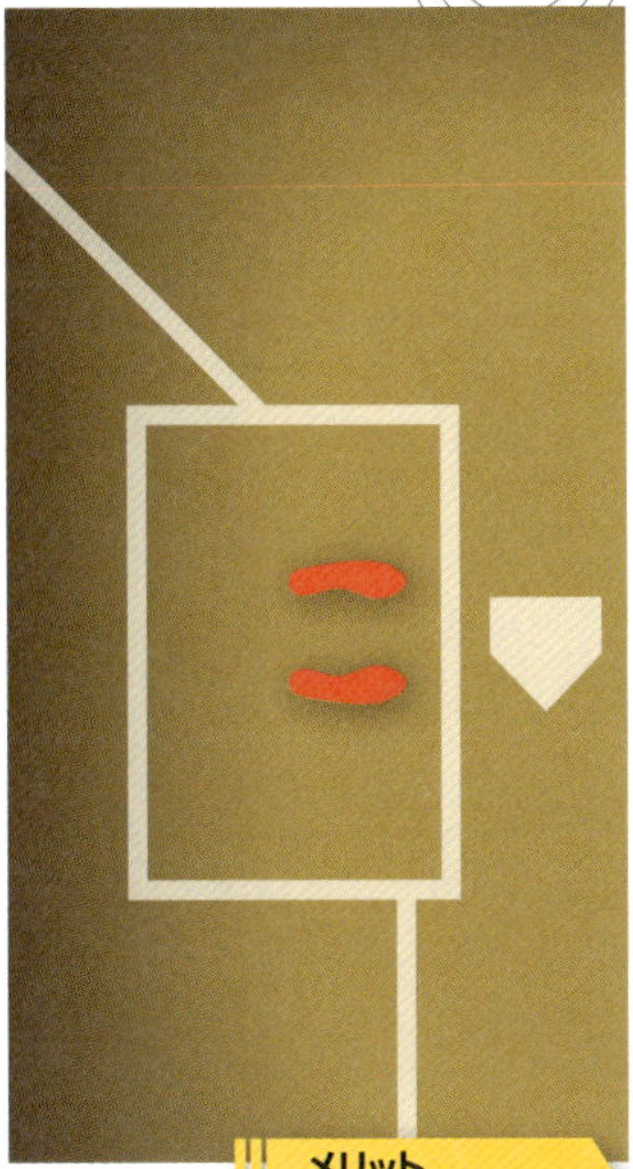

メリット

内外角どちらにも 対応できる

デメリット

とくになし

アウトコースのギリギリいっぱいにバットが届く位置から逆算して足場を決める

ベースに近寄る

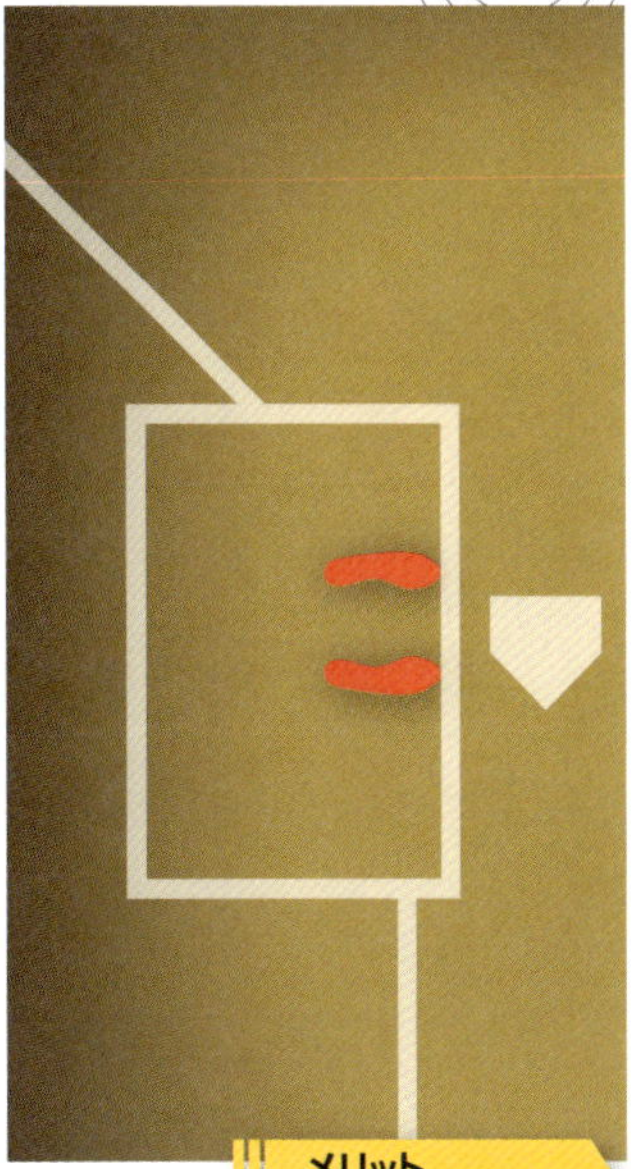

メリット

アウトコースに 届きやすい

デメリット

インコースがつまる

最大の利点は外角に届くことだが、ベースに近づくことでバッターにぶつけたくないという投手心理もつける

慣れるまでは キャッチャー寄りの 真ん中に立とう。

上達のコツ
the keys to success

▼グリップ位置1

トップから逆算してポジションを探ろう

グリップ位置の範囲

すぐにトップをつくれる
リラックスして構えられる

グリップ位置が高ければトップまで少ない動作で入れ、低ければ腕や肩をリラックスさせてかまえることができる

トップをつくるまでの過程から位置を決める

かまえたときのグリップ位置は、考え方が分かれるところ。トップまでの時間を短くしたい人は、グリップ位置が高い。トップの位置でかまえている人さえいる。メリットは動作が少なくカラダにぶれが生じないことや、振り遅れが少ないことなど。デメリットは肩周辺に力みが生じやすいこと。

一方、リラックスしたかまえからトップをつくりたい人はグリップ位置が低い。腕が下がっているので上半身に力みがないが、トップまでに時間がかかるので、始動を早めたり、カラダのぶれに注意を払う必要がある。どちらにしても、スムーズにトップへ入ることが大切なので、そこを意識して自分に合ったグリップ位置を見つけよう。

グリップが高い

メリット

少ない動きで
トップに入る

デメリット

腕や肩が窮屈に
なりがち

少ない動きでトップに入れるということはぶれも少なくなるのでスイングが安定する

グリップが低い

メリット

リラックスして
構えられる

デメリット

トップまでが遠い

トップまでの距離が遠いと動作にぶれが生じやすくスイングが不安定になることも

トップまでスムーズに
入れるグリップ位置を
見つけよう。

上達のコツ
the keys to success

PART 1

トップをつくる⑥

▼グリップ位置2

かまえからトップまでのグリップ位置

グリップ位置が低い

スタンスを広く取ってバットを肩に担ぐようにやや寝かせ、低いグリップ位置でかまえている

グリップ位置が中間

肩の高さ付近にグリップがあるオーソドックスなかまえと言える

グリップ位置が高い

グリップが顔の横にあるので比較的に高いグリップ位置と言える

バットヘッドの位置が常に一定に保たれているのでスイング軌道も安定する

トップの位置でもグリップの高さは最初のかまえからあまり変わっていない

前足のステップと同時にグリップが少しずつ下がり振り出し動作に入る

グリップ位置が少し上がりトップをつくる。かまえから目線が一定に保たれている

狭めのスタンスだったので振り出し時には大きく前足をステップさせている

グリップ位置はほとんど変わらずグリップエンドがキャッチャー方向を向く程度

前足を上げる

メリット
スイングのタイミングを取りやすい
デメリット
カラダがぶれやすい
一般的には前足を上げた方がピッチャーにタイミングを合わせやすく、同時に後ろ足にしっかりと体重を乗せられる
TBC

▼テイクバック

タイミングと体重移動が前足の使い方で変わる

体重を移動させることが本来の目的

テイクバックをする目的は体重を後ろ足に乗せること。つまり体重移動。この体重移動がバッティングのエネルギー源になるのだ。

テイクバック時に前足を上げることのメリットはきっかけをつかみやすいことや、後ろ足に確実に体重を乗せられること。

一方、前足をあまり上げない、もしくはまったく上げないことのメリットはカラダのぶれが最小限に抑えられること。また、人によっては、前足を上げない方がすばやくスイングの準備動作に入れると考える人もいる。

テイクバックはまさに十人十色なので、前足の上げ下げを意識するよりも、後ろ足にしっかりと体重を乗せることを意識して自分の形を探してみよう。

前足をあまり上げない

メリット

カラダがぶれづらい

デメリット

**きっかけが
つかみづらい**

足を上げなかったり、すり足の場合は振り出しのきっかけがつかみづらい傾向にあるが、カラダのぶれも減りスイングが安定する人もいる

振り遅れずに
体重移動ができる
テイクバックを!!

上達のコツ
the keys to success

▼重心位置

股関節に体重を感じ カラダを安定させる

テイクバックを安定させる股関節荷重

1 両足にバランス良く荷重する

この時点では前足に4〜5、後ろ足に5〜6ぐらいで体重をかける

後ろ足への股関節でパワーを溜める

テイクバックは体重を後ろ足に乗せることが目的。しかし、ただ後ろ足に乗せれば良いということでもない。後ろ足に乗せても、その体重をスイングに生かせない足の使い方であれば意味がない。

体重移動をスイングに生かすには、後ろ足の股関節に体重を感じるような使い方が理想的。股関節でパワーを溜めるようなイメージだ。そのためには左下の上達のコツにもあるように、重い荷物を持ち上げるときのように腰を入れるような使い方をしてみよう。この股関節に意識を置いてテイクバックすると、後ろ足の太ももの付け根あたりにユニフォームのシワが入る。これを目安にして体重移動のやり方を身につけると良いだろう。

3 股関節荷重でトップをつくる

2 後ろ足の股関節に荷重開始

目線やヘッド位置を
安定させたまま体重
を後ろ足にかける
前足を上げて後ろ
足の股関節に体重
を感じる
ココに体重を感じる

POINT

後ろ足の股関節に体重を感じる

股関節に体重を感じる感覚をつかめればテイクバックが安定する。

重い荷物を床から持ち上げるように股関節を使う。

上達のコツ
the keys to success

パワーをつくる体重移動の方法

▼体重移動

後ろ足への体重移動がスイングの力を生む

1 前足を動かしタイミングを計る

後ろ足	前足
6	4

POINT

目線の高さを一定に保つ

テイクバック時の目線のぶれはミートに悪影響を与えるので注意しよう。

前足をかるく動かしてピッチャーとのタイミングを計る

カラダを安定させて体重移動をおこなう

テイクバックの目的は後ろ足への体重移動。上の写真で言えば、1の段階ではやや後ろ足に体重を乗せながら、前足をかるく動かしてピッチャーとのタイミングを取っている。そしてピッチャーのリリースが近づくと2のように前足の動きを止めて後ろ足の股関節に荷重したテイクバックがはじまり、3の時点では完全に後ろ足に移る。

あるデータによると、好打者は前足を上げてからは、地面と接地している足裏の動きが止まっているという。これは後ろ足への体重移動の際にカラダをぶらさずに安定させている証。体重移動をはじめてから足が動くと体重移動で生まれたエネルギーをスイングに生かしきれないので注意しよう。

3 後ろ足を安定させてテイクバック

後ろ足	：	前足
10	：	0

後ろ足の股関節にしっかりと体重を感じてパワーを溜める

2 前足を止めて体重移動開始

後ろ足	：	前足
9	：	1

前足の動きを止めて後ろ足に体重を移動させる

体重移動をはじめたら前足の動きを止める

上達のコツ
the keys to success

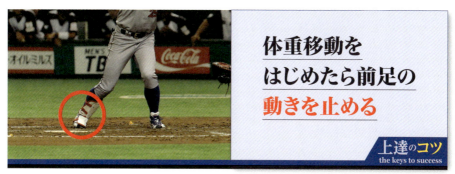

バットコントロールを上げる両腕の使い方

1 両腕を曲げて三角形をつくる

両腕の力を抜きリラックスして三角形をつくる

▼腕の使い方
胸の前でつくる三角形が両腕に自由を与える

インパクトまでヒジが伸びることはない

トップまでの腕の使い方で大切なことは、三角形を維持すること。上の写真にあるように、両腕と胸で三角形をつくり、テイクバックをしてトップまでそれを維持するのだ。ここでグリップを引くことを意識し過ぎると、前腕が伸び切って三角形がつぶれてしまう。これではバットの振り出しが窮屈になり、後ろ腕がおへソの前を通るような正しいスイングができない。

打ちたいという気持ちが強くなると、腕に力みが生じてしまい腕の伸び切った振りになる。バッティングではインパクトまでヒジが伸び切ることはなく、常に曲げた状態でリラックスさせておくことが大切だ。腕に力を入れるのはボールをインパクトする瞬間だけと覚えておこう。

2 テイクバックをはじめる

徐々にグリップを引くが三角形は保たれている

3 前腕が適度に曲がっている

ここから前腕でバットをリードして後ろ腕で押し出す

POINT

前腕のヒジを伸ばしきらない

前腕のヒジをまっすぐ伸ばしてトップをつくると振り出しが窮屈になる。

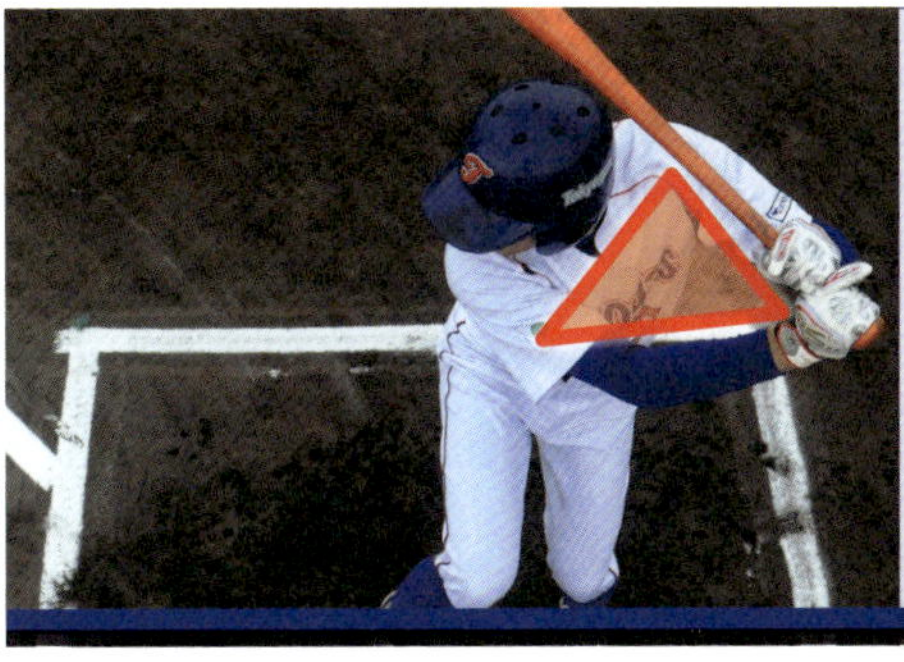

三角形を保てば腕の振りが窮屈にならない。

上達のコツ
the keys to success

トップの位置

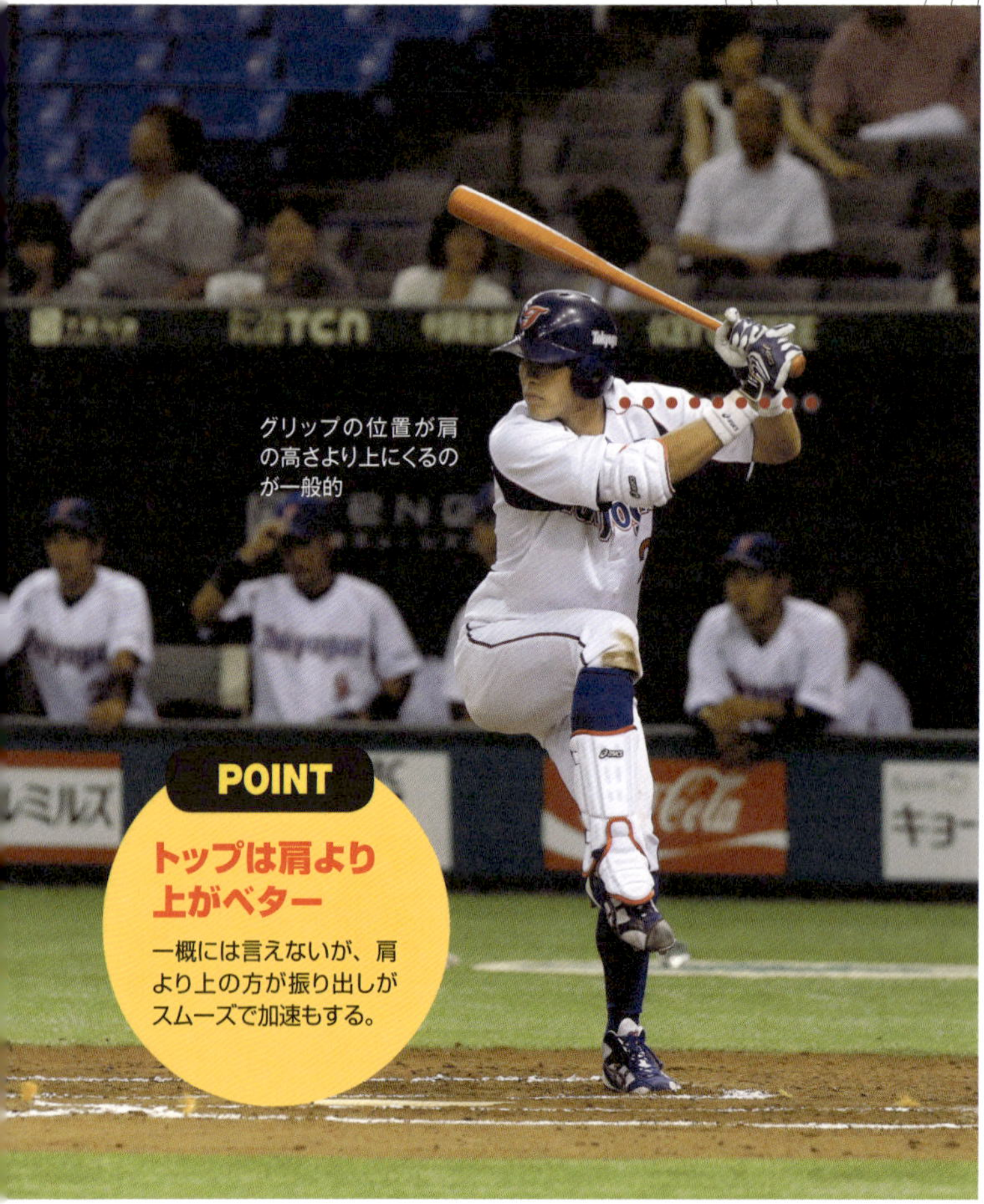
グリップの位置が肩の高さより上にくるのが一般的

POINT

トップは肩より上がベター

一概には言えないが、肩より上の方が振り出しがスムーズで加速もする。

▼トップ1 トップの位置が一定ならスイング軌道が安定する

トップではグリップは停止せずに弧を描く

一般的にトップの位置は肩のラインより上にあると振り出しがスムーズになるとされている。

トップをつくるときの注意点は、テイクバックからスムーズに移行すること。ムダな動作が入るとカラダにぶれが生じたり、振り遅れの原因になる。またトップではグリップが停止することはなく、ちょうど釘を打つトンカチのように、弧を描くように後ろに引いている。この弧を描く動作でボールとのタイミングを測るのだ。

また、様々なピッチャーとの対戦が続くと、フォームが少しずつずれていき、気付かずにトップが浅くなってしまうことがある。そのため試合前や練習時には、自分のトップ位置を確認するクセをつけておこう。

スムーズにトップをつくる

POINT

できるかぎり スムーズに入る

かまえからトップまでの動作はできるかぎりスムーズに移行すること。

「トップをつくる」と聞くとグリップを上げるイメージがあるが、実際は後ろに少し動かす程度であることが多い。

下半身トレで安定したトップを身につけよう。

上達のコツ
the keys to success

▼トップ2 かまえ方からトップまでの比較 右バッター編

PLAYER'S COMMENT アベレージヒッタータイプ

当時は大きくグリップを引いてトップを深くつくることを意識していました。ただ、トップまで時間がかかってしまうので、現在はトップに近いところでかまえています。

前足を大きく上げて後ろ足にすべての体重を乗せている

スクエアスタンスで比較的低い位置にグリップをかまえている

PLAYER'S COMMENT アベレージヒッタータイプ

カラダ全体を使ったスイングを心がけおり、タイミングを取るために前足を大きく上げるので、カラダがぶれないようにバランスを整えることを意識しています。

前足を大きく上げてピッチャーとのタイミングを合わせている

ヒザを深く曲げて大きく足を広げたスタンスでどっしりかまえる

PLAYER'S COMMENT　パワーヒッタータイプ ▶

後ろ足の股関節に体重を乗せることを前提として、そこからムダな動きをせずに最短距離でトップをつくることを心がけています。

前足をかるく上げてトップをすばやくスムーズにつくっている

ややオープン気味のスタンス。基本に忠実なきれいなかまえ

PLAYER'S COMMENT　パワーヒッタータイプ ▶

シンプルにトップをつくりたいので、最初からトップの近くでかまえるようにしています。下半身は脱力しているように見えますが、軸足の股関節に力を入れています。

トップをつくってもグリップ位置はほとんど変わっていない

グリップ位置が高く、ヒザはあまり曲げずにスタンスも狭めにしている

▼トップ3 かまえ方からトップまでの比較 左バッター編

PLAYER'S COMMENT アベレージヒッタータイプ ▸

ピッチャーに集中しすぎるとスイングが小さくなるので、なるべく視野を広く持ってリラックスします。またムダな動きを減らしたいので、最初からトップ近くでかまえます。

「く」の字をつくったトップでスイングパワーをしっかり溜めている

前足をかるくして後ろ足に体重をかけた状態でかまえている

PLAYER'S COMMENT アベレージヒッタータイプ ▸

トップをつくるときに引いてしまうクセがあるので、三塁ベンチ方向にグリップを押し出すイメージでトップをつくっています。

お尻を前に突き出すように前足を大きく上げてバットを寝かせたトップ

グリップをカラダから離して懐を広くした独特のかまえ

PLAYER'S COMMENT アベレージヒッタータイプ ▶

トップをつくってもできるだけグリップ位置が変わらないようにしたいので、最初から後ろに引いてかまえるようにしています。

上体のねじりをさらに強くするように前足を上げてトップをつくる

前足のヒザをキャッチャー方向に向けて上体をはじめからねじったようなかまえ

PLAYER'S COMMENT アベレージヒッタータイプ ▶

どうしてもトップが浅くなりがちなので、できるだけ深くつくって残せるように意識しています。

前足を大きく上げてバットを地面と水平になるほど寝かせてトップをつくっている

前足のヒザはキャッチャー方向だが体重は両足にもバランス良く乗っている

ココが弱点

自分に合ったかまえが分からずスイングが安定しない。

なぜ、自分に合う構えが分からないのか？

考えられる原因

- カラダの使い方が分からないから。
- 合っているのか否かを判断できないから。
- トップが定まっていないから。

解決方法

練習法①

バットを押してもらい
自分に合う握りを見つける。

▶▶▶ P.47へGO!

練習法②

カラダを押してもらい
下半身の使い方を覚える。

▶▶▶ P.48へGO!

練習法③

トップから逆算してかまえをつくる。

▶▶▶ P.49へGO!

これで克服

バット押し

▼かまえを見つける練習法①

狙い

インパクト時の構えでバットを押してもらい、一番力が入るバットの握りや手首の角度を見つける。

やり方

❶ 握り方や手首の角度を意識してバットを握る
❷ インパクト時のかまえで止まる
❸ 友だちにバットをキャッチャー方向に押してもらう
❹ 押し込まれずにバットを支えられるかを確認
❺ 握りや手首の角度を変えて繰り返す
❻ 自分に合う形を見つける

■ 後ろの手首の角度は人それぞれ

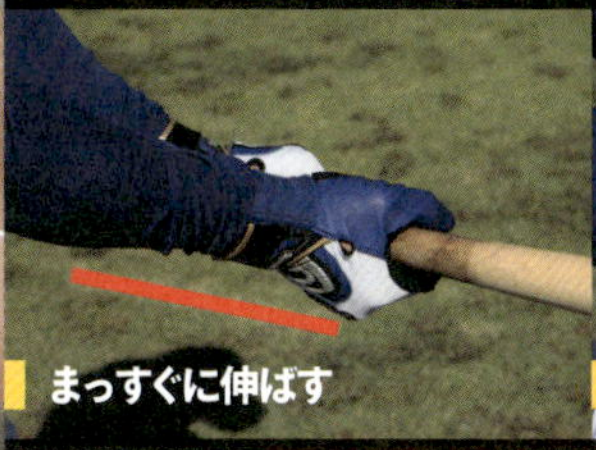

まっすぐに伸ばす

少しだけ曲げる

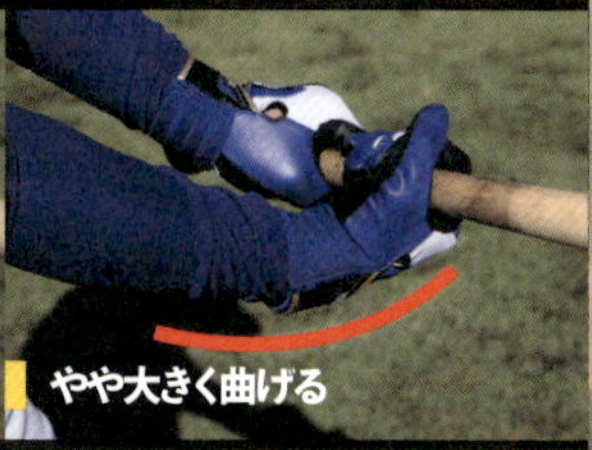

やや大きく曲げる

これで克服

股関節荷重

▼かまえを見つける練習法②

股関節に体重を乗せていないと押されたらカラダがすぐに傾いてしまう

狙い

かまえた姿勢でピッチャー方向から押してもらい、股関節に体重を乗せる感覚を理解する。

やり方

❶ スタンスをしっかりと取り、かまえる
❷ ピッチャー方向から肩を押してもらう
❸ 押し込まれないように耐える
❹ ヒザの角度や股関節の角度を変えて繰り返す
❺ 最も耐えられる下半身の使い方を確認

■重い荷物を持ち上げて股関節に体重を感じる

○ 股関節に体重を感じているので持ち上げられる

× 腰が浮き上がり股関節に体重が乗っていない

これで克服

▼かまえを見つける練習法③

トップの確認

1 まずはいつものかまえの姿勢

2 体重を後ろにかけてテイクバック

3 トップをつくったら再び1へ

狙い

トップの位置から逆算してかまえを探るために、「かまえ」⇔「トップ」を交互に繰り返す。スムーズにトップをつくれるようになりたい。

やり方

❶ 股関節に体重を乗せてかまえる
❷ ピッチャーをイメージしてタイミングを計る
❸ テイクバックからトップをつくる
❹ かまえからトップまでを繰り返す

試合前にもう一度

ココだけはチェック

かまえからトップをつくるまでの「スイングの準備」に唯一の正解はなく、自分に合う形は人それぞれ。しかし、それだけにその形が一度崩れてしまうと取り戻すのも難しい。試合前や日々の練習で自分の形を確認するクセをつけよう。

▶ Check Point

打球を押し込めているか？

インパクト時にボールに押し負けている人はバットの握りや手首の角度に問題がある可能性も。しっかり押し込めるようなバットの握りや手首の角度を確認しよう。

▶ Check Point

グリップ位置はいつも通りか？

グリップ位置が不安定になるとトップも不安定になる。するとバットの軌道も安定しない。グリップからトップまでをいつも通りスムーズにおこなえているか確認しておこう。

Check Point

トップが浅くなっていないか?

日々の練習や試合を重ねていくと、気が付かずに少しずつトップが浅くなっていることが多々ある。自分の決めたトップをつくれているか確認しよう。

Check Point

前の腕が伸びきっていないか?

トップを意識し過ぎると前腕が伸びてしまいがちだ。すると腕が窮屈になり柔軟なバットコントロールができなくなる。両腕と胸でつくる三角形をつぶさないようにしよう。

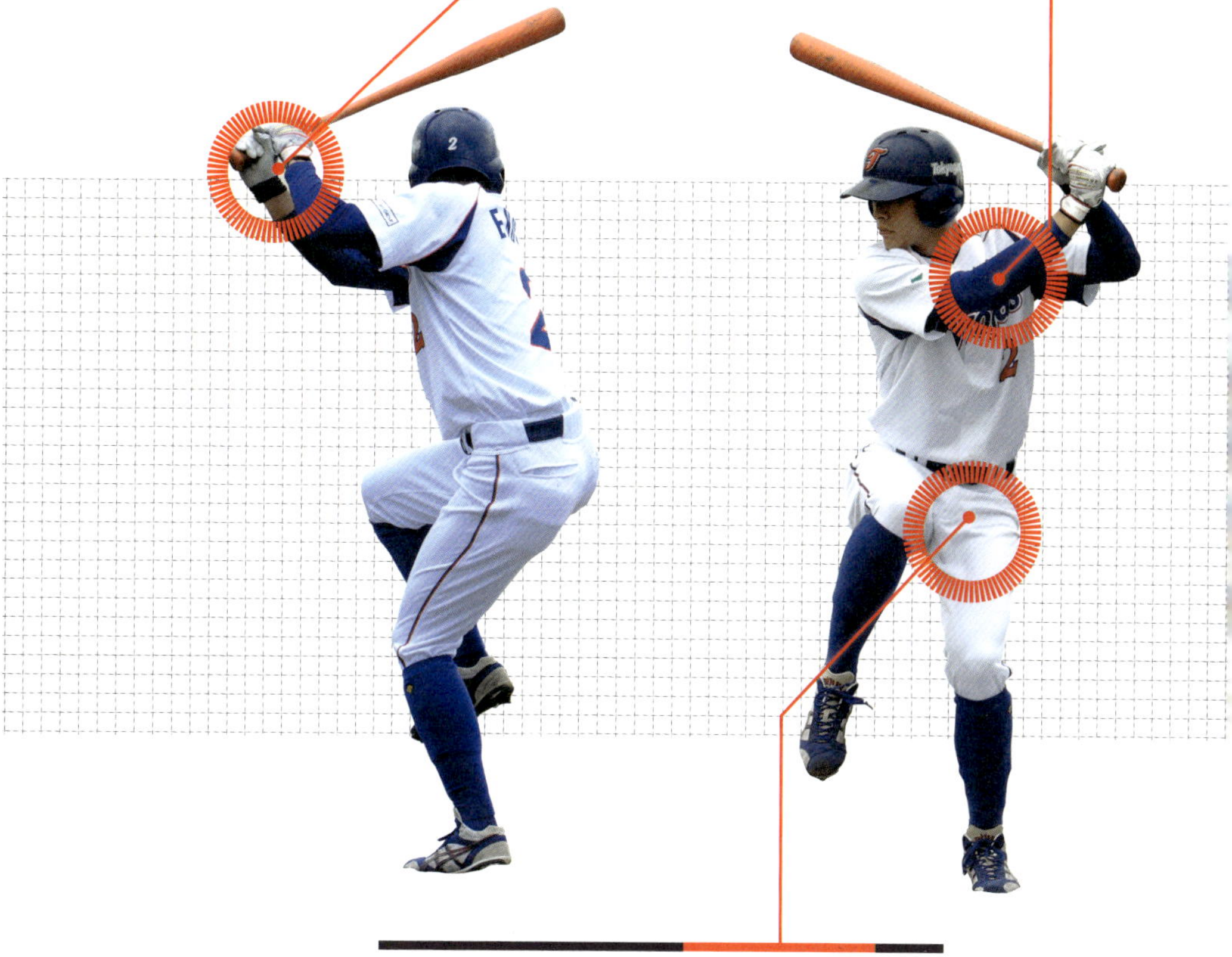

Check Point

股関節に体重を感じているか?

ボールを迎えにいくようなスイングになると、後ろ足への体重移動が十分にできなくなる。打席ではどっしりとかまえて体重移動をしっかりとおこなおう。

コラム2

複合トレーニングで技術を磨く

筋肉を付け過ぎると動作にキレがなくなるとか、遅くなると言う人もいるが、メジャーには筋肉隆々でも速い選手はたくさんいる。ある元プロ野球選手はこう言っている。

「その大きな筋肉を野球に生かすことが技術だ」と。ウエイトばかりしていると、重い物を持つ動作が脳にインプットされ、俊敏な動きが苦手になってしまう。これは間違いのないこと。その大きな筋肉を野球に生かすには、同時に自体重や走り込み、もしくは素振りや守備練習など、動きを滑らかにしたり、速くするトレーニングもおこなう必要があるのだ。このような複合的なトレーニングをすることで、動作が脳へ効果的にインプットされ、“技術”として上手にアウトプットできるようになる。

PART 2

スイングの本質

ボールを正確にミートして遠くへ飛ばす。小学生もプロ野球選手も、すべてのバッターは試行錯誤を繰り返し、その最善を目指す。ここでは、試行錯誤を繰り返した好打者たちに共通する「スイングの本質」を紹介する。

1 ステップ

▶▶▶ P.56へGO!

ステップの目的は後ろ足に乗っている体重を前に移すことだが、移す過程に大切なポイントがある。すぐに前足に移すとカラダの開きが早くなるので、内転筋に力を入れて開きを抑えておこないたい。

3 振り出し

▶▶▶ P.60-64へGO!

トップにあるバットを後ろで円を描くように回しながら下ろしてグリップからバットを出す。この円を描く動作がバットを加速させるには欠かせないので、しっかりと身につけよう。

カラダの回転 2

P.58へGO!

カラダの回転なしにバットを力強く振ることはできない。下半身から生まれたパワーをいかに効率よく腕に伝えるか。そのためには「腰の回転」から始動し、体幹をねじらせながら「肩の回転」へとつなげる必要がある。この回転の時間差をカラダに染み込ませよう。

スイング軌道 4

P.66,68へGO!

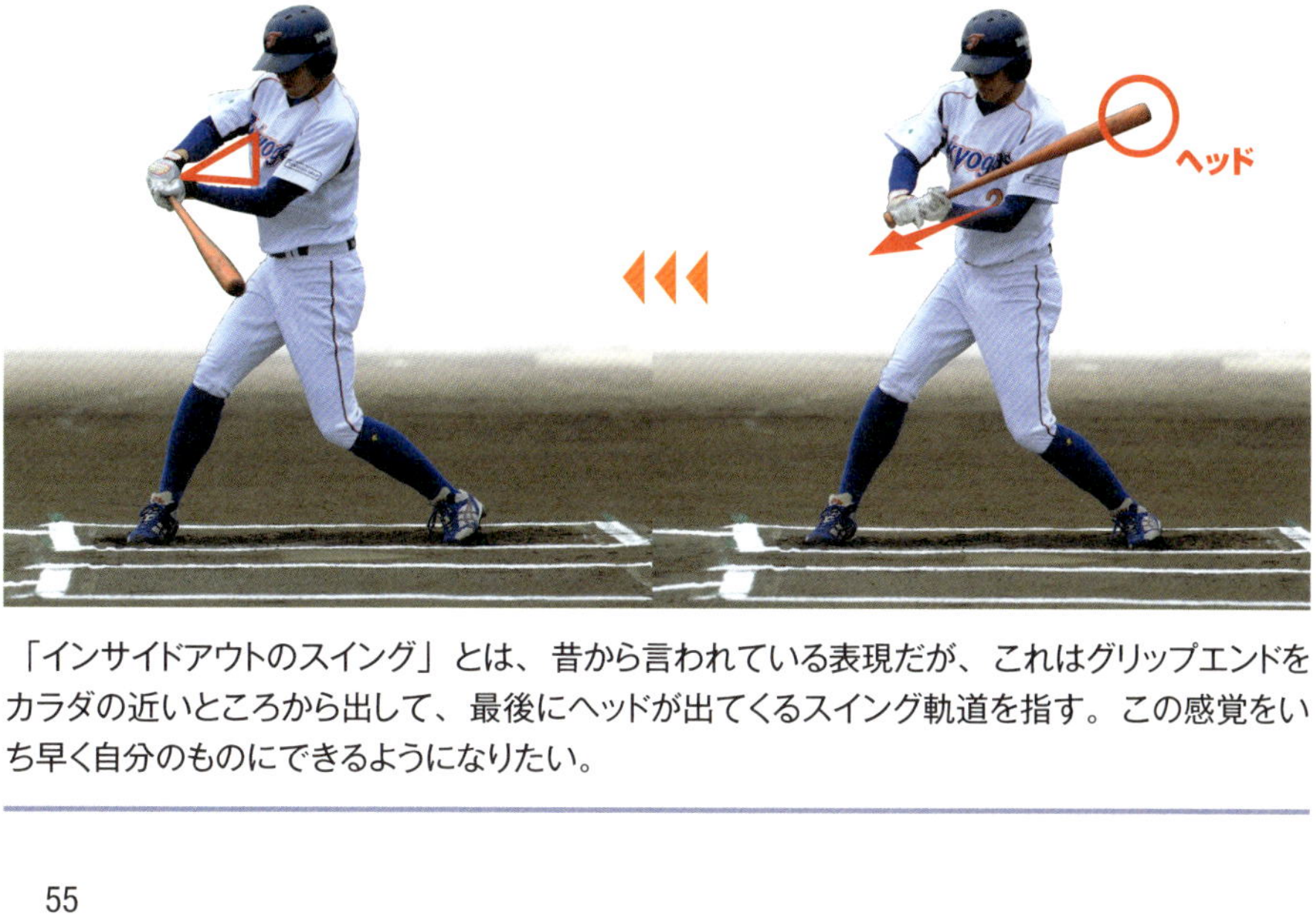

「インサイドアウトのスイング」とは、昔から言われている表現だが、これはグリップエンドをカラダの近いところから出して、最後にヘッドが出てくるスイング軌道を指す。この感覚をいち早く自分のものにできるようになりたい。

スイングスピードを上げる足の使い方

▼ステップ
ステップした前足でつくる"カベ"がスイングスピードを上げる

1 安定したトップをつくる

後ろ足に体重を乗せてスイングの力を溜める

運動エネルギーを受け止め上半身へ伝達させる

前足ステップの目的は体重を前足に移すことだが、このとき前足のつま先とヒザをホームベース方向へ向けることが大切になる。向かってくるボールに対して打ち気が強くなると、つま先やヒザがピッチャー方向を向き、カラダを開くタイミングが早くなってしまう。これでは前足に移動させたエネルギーも逃げてしまい、スイングスピードが上がらない。

運動エネルギーを逃さないためには、前足の向きに注意して「カベ」をつくる意識を持つと良い。つま先とヒザをホームベースに向けて体重が前に逃げないようにカベをつくって受け止め、上半身へと伝えることがスイングスピードを上げるためには欠かせない動作になる。

2 肩を開かずに前足ステップ

前足を着いた段
階ではカラダは
開いていない

3 前足でカベをつくり腰を回転

前足を止めて
カベをつくり
腰を回転させ
バットを出す

POINT

体重移動を前足で受け止める

前足でカベをつくり体重移動を受け止めることで腰が鋭く回る。

ステップした前足のつま先は本塁方向に向けること。

上達のコツ
the keys to success

パワーを生む上体の使い方

▼カラダの回転

腰の回転からはじまり、途中で肩の回転が追い越す

1 まずは腰の回転がはじまる

前足ステップでカベをつくったら腰の回転がはじまりカラダがねじられる

POINT

腰からはじまり肩で終わる

腰から回転がはじまり、肩の回転で終わる。最後は肩が腰を追い越す。

2つの回転運動に時間差をつくる

ここでは前足のカベで受け止めたエネルギーをムダなく使い、効率良くスイングスピードを上げる上半身の使い方を解説する。

上半身には2つの回転がある。それは腰と肩だ。この2つの回転は同時におこなわれない。最初は腰から回りはじめる。このときの肩はホームベースに対して正対させておく。このタイミングで肩も回るといわゆる「カラダの開いたスイング」になる。

腰が回りはじめても、肩の回転を止めておくことで上半身がねじられる。このねじりは引っ張られたゴムのようなもので、離したゴムは勢い良く縮まるように、肩も勢い良く回る。腰と肩の回転に時間差をつくり、上半身をねじらせることがスイングスピードを上げる秘訣だ。

3 腰の回転が止まり肩が追い越す

肩が回転すること
でねじりは戻され
最後は肩の回転が
腰を追い越す

2 続いて肩の回転がはじまる

カラダが大きくねじ
られたらバットを振
り出し肩が回転を
はじめる

腰と肩の動き出しに時間差をつけてカラダをねじる

上達のコツ
the keys to success

グリップエンドから回して振り出す

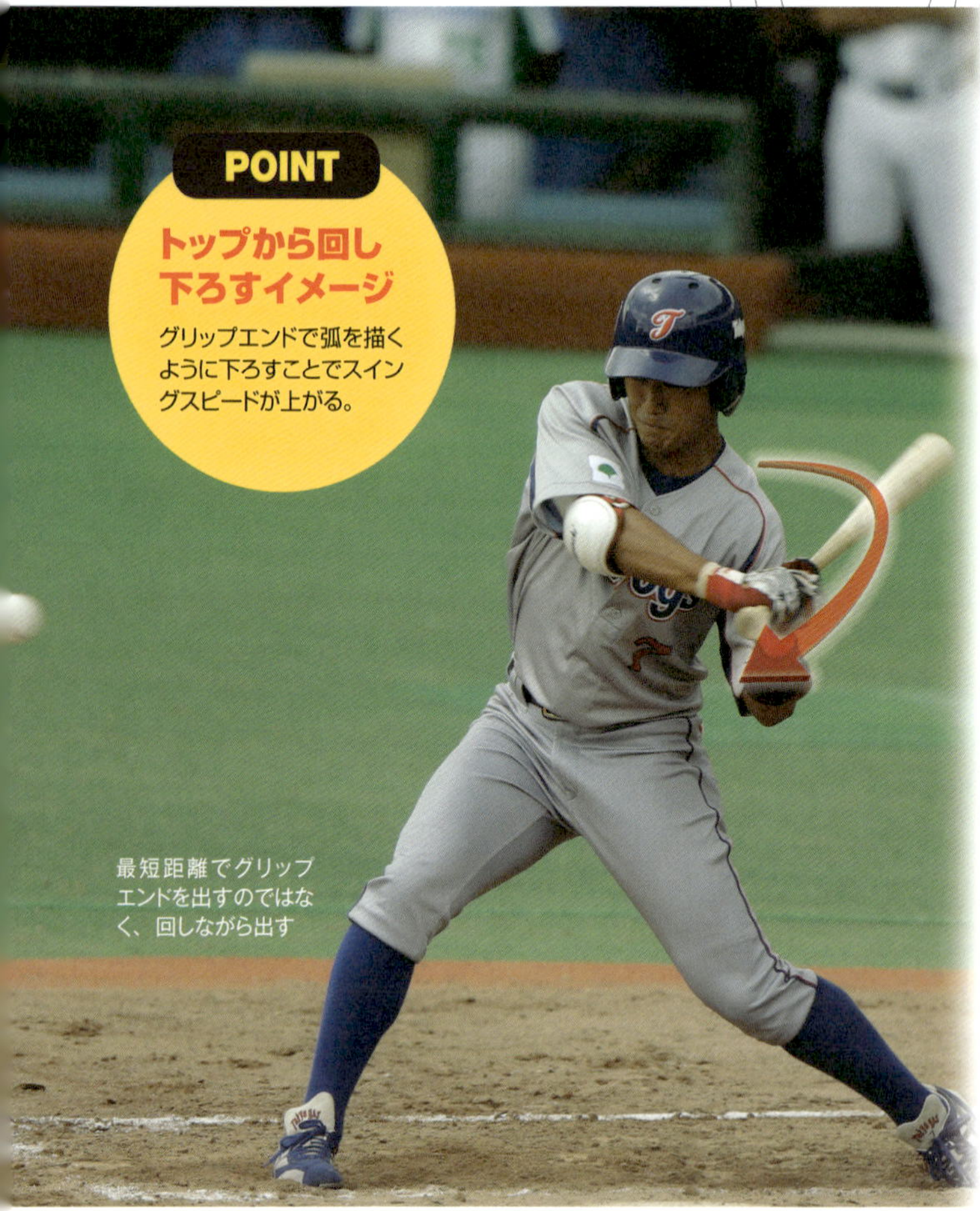

POINT

トップから回し下ろすイメージ

グリップエンドで弧を描くように下ろすことでスイングスピードが上がる。

最短距離でグリップエンドを出すのではなく、回しながら出す

▼振り出し1

最短距離ではなく弧を描くようにグリップから出す

トップから弧を描きバットを加速させる

昔から「最短距離で振り抜け」という指導があるが、これをそのまま体現すると上から振り下ろすダウンスイングになる。これはあまりおすすめできない。正しくは、トップから弧を描くように回し下ろしてからグリップエンドを振り出したい。トンカチで釘を打つときも引き上げたトンカチを止めることなく弧を描いて振り下ろすはずだ。このイメージで振り出せばバットは加速し、タイミングも合わせやすくなる。

グリップエンドが出れば、同時にヘッドも弧を描くように遠回りをしながら出てくる。弧を描くように回し下ろす動作が省略され、最短距離で振り下ろすだけのダウンスイングにならないように注意しよう。

正しいバットの振り出し方

1 グリップエンドが弧を描き
ながらボールに向かう

2 後ろヒジを折りたたんで振り出し
グリップエンドがおヘソの前を通る

3 インパクト時にヘッド（先端）が
遅れて出てくるように振る

後ろのヒジが
おへその前を通る
イメージで。

上達のコツ
the keys to success

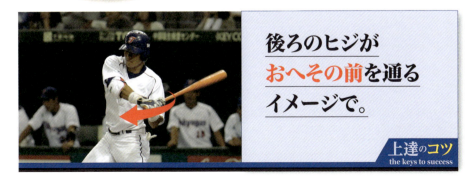

▼振り出し2

さまざまなバッターのステップから振り出し　右バッター編

トップからグリップ位置をあまり動かさずに前足をステップ

軸足一本でもバランス良くカラダを安定させて立っている

高いトップを残したまま前足をステップ

PLAYER'S COMMENT　パワーヒッタータイプ

前足を着地させると同時にバットを振り出せるように準備しています。また振り出してからはボールのライン上でスイングできるように意識しています。

グリップ位置が下がり振り出され、インパクト時にヘッドが出てくる

PLAYER'S COMMENT　アベレージヒッタータイプ

足を大きく上げるため目線が上下しやすいので、それを防ぐために平行移動させることを意識しています。また踏み込んだ前足で体重移動の力を受け止めています。

カラダを平行に移動させながら前足をステップしているので頭の高さも一定だ

PLAYER'S COMMENT　パワーヒッタータイプ

シンプルにスイングすることを心がけていますが、内も外もバランス良く対応するために、最近はステップしたときに前の肩をあまり中に入れないようにしています。

腰から回る下半身始動のスイングができている

▼振り出し3
さまざまなバッターのステップから振り出し 左バッター編

前足をステップして腰の回転がはじまりカラダが大きくねじられる

足を大きく上げたトップからヒザを本塁に向けたまま前足のステップ

背中がピッチャー方向にむくほどパワーを蓄えたトップ

PLAYER'S COMMENT アベレージヒッタータイプ ▸

トップをつくったら腕で振ろうとせずに、体幹でバットを巻き付けるようなイメージで振り出しています。この方がボールをしっかりミートできる感覚があります。

グリップ位置が下がり肩の回転がはじまる。肩の回転が腰を追い越す

PLAYER'S COMMENT アベレージヒッタータイプ ▸

前のワキが開きやすく、またレベルスイングなのでヘッドが落ちないようにするためにも、前のワキを締めることを意識しています。

肩の回転が遅れてはじまりねじられたカラダが戻り鋭く振り抜かれる

PLAYER'S COMMENT アベレージヒッタータイプ ▸

前足を着地させたときにできるだけグリップを後ろに残しておきたいのですが、自分の中ではまだ納得いくスイングができてなく、模索中ではあります。

腕を折りたたみカラダをコンパクトに鋭く回転させたスイング

スイングスピードを上げる足の使い方

▼スイング軌道1
バットのヘッドが遅れて出れば スイングスピードが上がる

POINT

バットのヘッドを遠回りさせる

グリップエンドから振り出しヘッドを遠回りさせて出すイメージだ。

1 グリップがおヘソ前を通過

グリップエンドがおヘソの前を通るような振り出しが理想的

グリップとヘッドを縦に並べるイメージ

打球を遠くに飛ばすために必要なことは、スイングスピードを上げること。この本で説明している技術的な解説も、突き詰めればすべてはスイングスピードを上げるための動作と言える。

スイングスピードを加速させるには、バットのヘッド（先端）を後ろに残しながら振ることが重要だ。最初からヘッドが出ているとバットは加速しない。極端ではあるが、その最たるものがバント。ヘッドとグリップエンドが横並びになっているので、バットが走らない。上の1の写真のように、グリップエンドからバットを振り下ろし、ヘッドを後ろに残しながら回すことで、2のところでヘッドが加速して出てくるのだ。

2 三角形をつぶさないように

両腕と胸で三角形をつくったまま肩を回転させてヘッドが出てくる

3 手首は自然に返る

フォロースルーで自然と手首が返る

ヘッドを遠回りさせてから出すイメージ。

上達のコツ
the keys to success

▼スイング軌道2
好打者のスイング軌道を確認

真上

グリップエンドから動き出し腰がやや回りはじめる

前

カラダは開かずにグリップエンドが出てくる

後ろ

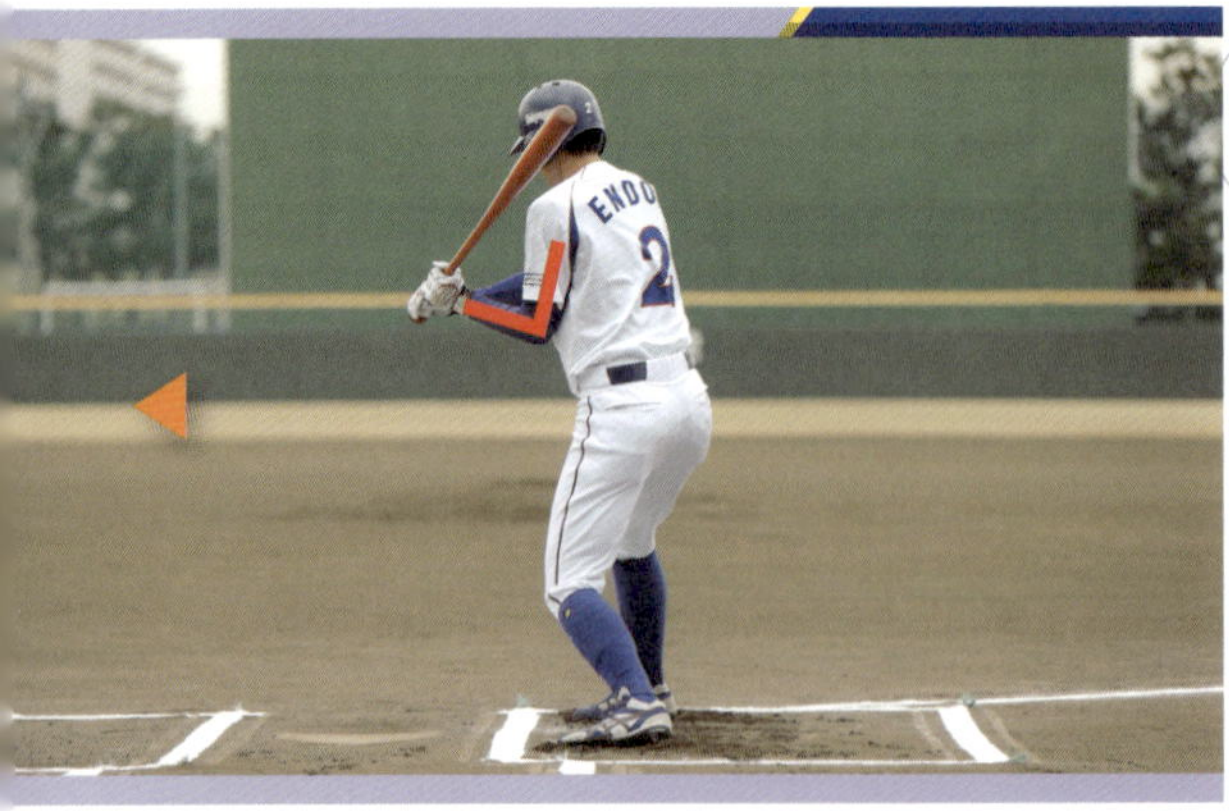

後ろ腕のヒジを曲げてグリップエンドからバットを出す

肩も回りはじめヘッドが前に出てくる

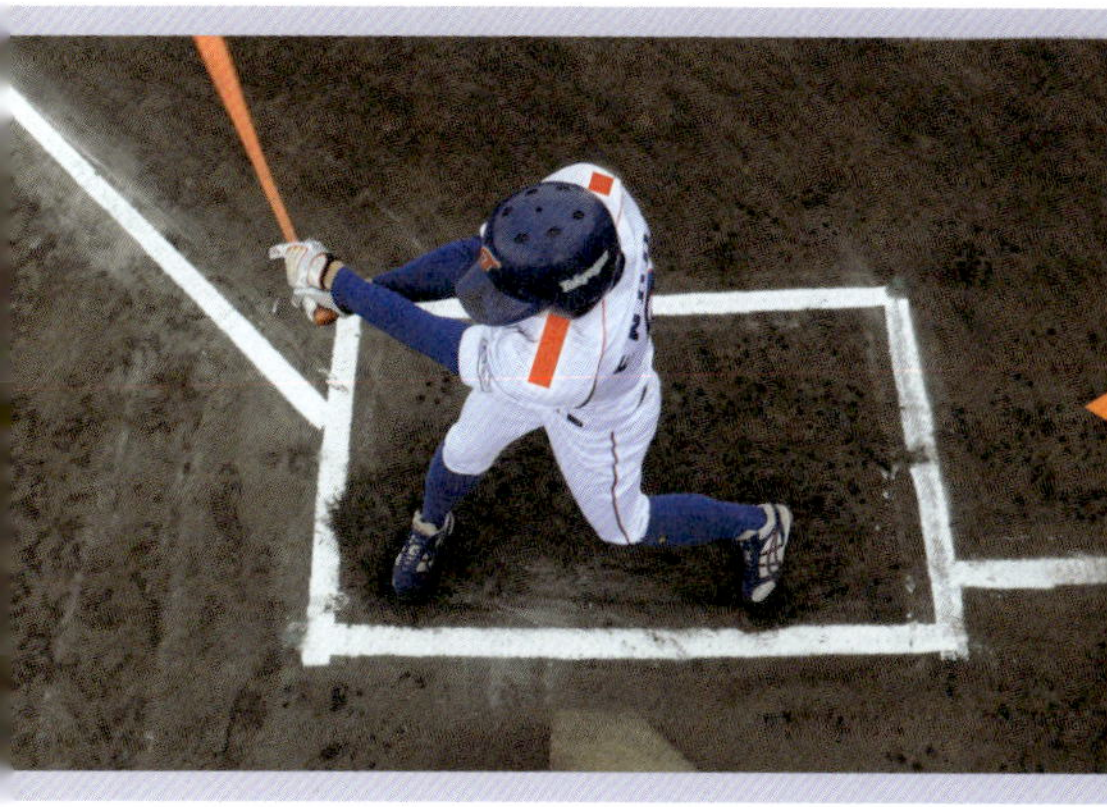

肩の回転が腰の回転を追い越してフォロースルー

腰の回転と肩の回転が揃いカラダにねじりが生じていない状態

そこから一気に振りぬき最後は自然に手首が返る

ヘッドが遅れて出てくることで鋭いスイングになる

肩の回転が腰を追い越し上半身が再びねじられる

ココが弱点

下半身始動のスイングができずに手打ちになってしまう。

なぜ、下半身をうまく使えないのか？

考えられる原因

- バットを持つ腕へ意識が強く向いているから。
- ボールに当てることを強く意識しているから。
- カラダが力んでいるから。

解決方法

練習法①

トンボで素振りをして
下半身の使い方を覚える。

▶▶▶ P.71へGO!

練習法②

歩きながら素振りをして
下半身始動を身につける。

▶▶▶ P.72へGO!

練習法③

連続ティで下半身を
安定させる。

▶▶▶ P.73へGO!

これで克服

▼下半身始動の練習法①

トンボ素振り

狙い

バットより重くて長いトンボを使い、下半身を使ったスイングを身につける。

やり方

❶ トンボを持ってかまえる
❷ 下半身を使ってスイング
❸ カラダが流れないように下半身で踏ん張る

※トンボを振るときは周りに人がいないことを確認すること。

1 トンボを立ててかまえの姿勢

2 軸足を安定させトップをつくる

3 グリップエンドから振り出す

4 前足のカベを意識してスイング

これで克服

▼下半身始動の練習法②

ウォーキング素振り

1 軸足で踏ん張りながら前足ステップ

2 次は後ろ足をクロスさせてステップ

3 前足ステップしながらテイクバック

4 前足を着地させたら力強くスイング

狙い

ピッチャー方向にサイドステップしながら素振りをして、下半身始動のスイングを身につける。

やり方

❶ かまえから前足をピッチャー方向へ出す
❷ 後ろ足をピッチャー方向へ出す
❸ 前足をさらにピッチャー方向へ出す
❹ 前足を着地させると同時にスイング

これで克服

▼下半身始動の練習法③

下半身固定連続ティ

1 スタンスを広く取り、かまえる

2 連続ティでもトップをしっかりつくる

3 下半身は固定したままスイング

4 振り切ったらすばやく1に戻る

狙い

腰を落とした姿勢で連続ティをおこない下半身を鍛えて安定させる。

やり方

❶ 腰を落としてかまえる
❷ 下半身を固定したまま連続ティ

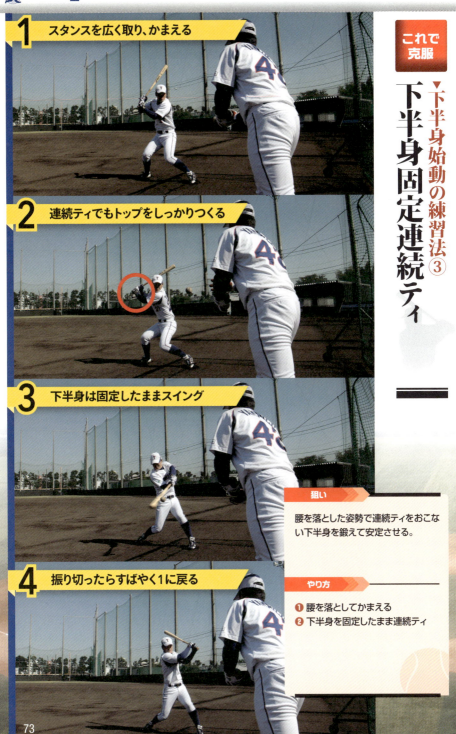

☞ ココが弱点 ☜

どうしてもカラダを開くタイミングが早くなってしまう。

なぜ、カラダがすぐに開いてしまうのか？

考えられる原因

- ✓ 前足のカベを作れていないから。
- ✓ 下半身始動のスイングができていないから。
- ✓ 振り遅れまいとする意識が強いから。

解決方法

練習法①

両腕を使って前足のカベの役割を理解する。

▶▶▶ P.75へGO!

練習法②

前足を止めたティで前足のカベを強く意識する。

▶▶▶ P.76へGO!

練習法③

素振りを前から見てもらいスイングをチェック。

▶▶▶ P.77へGO!

これで克服

▼カラダの開きを防ぐ練習法①

前足カベ体感腕振り

普通に右腕を振る

➔ 加速されずに腕が振れる

ヒジを押さえないと腕の振りは加速されない。これは前足のカベができてないスイングと同じだ

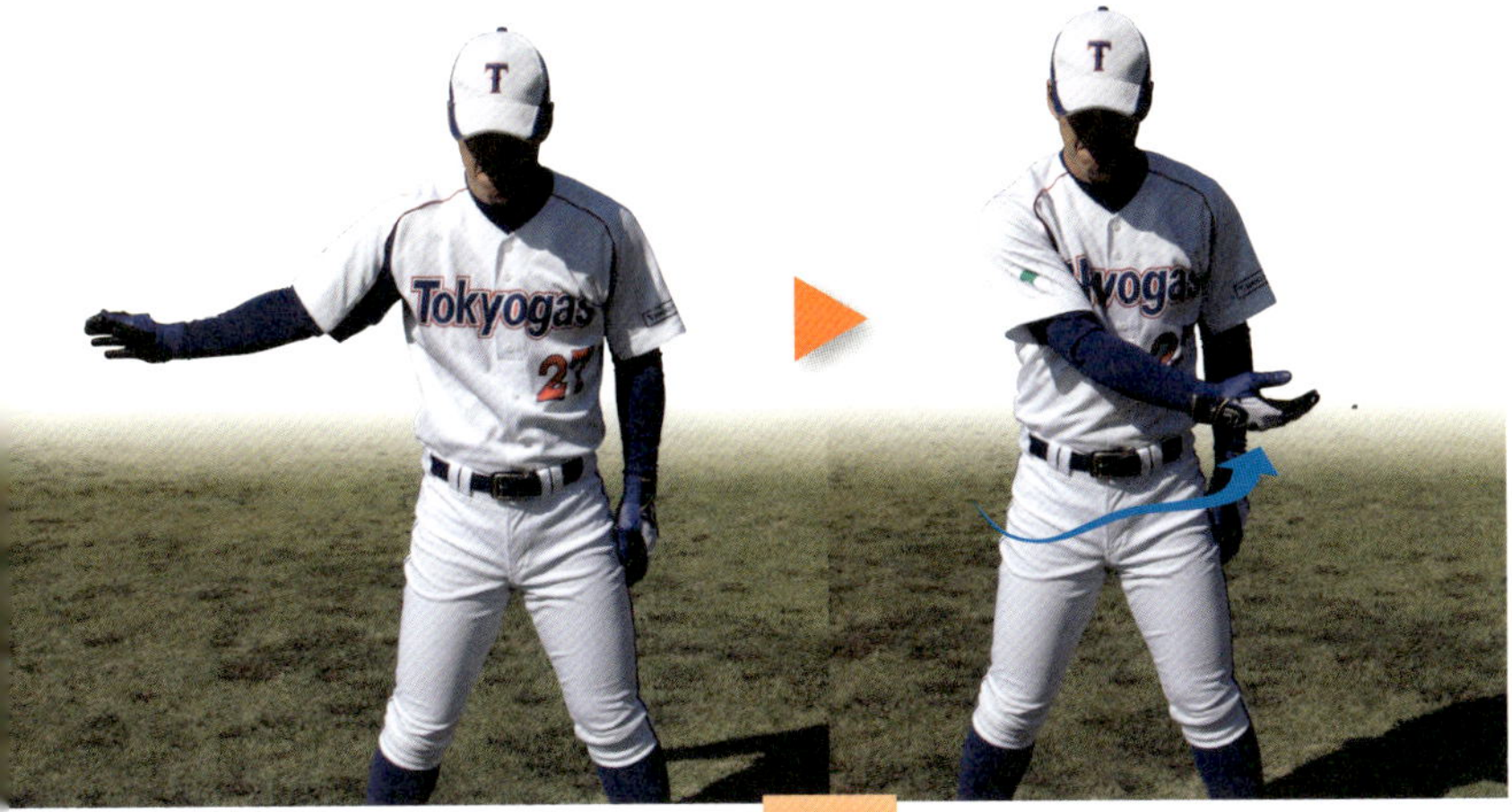

腕の振りが速くなることを確認!

右ヒジを押さえて右腕を振る

➔ 加速されて鋭く右腕が振れる

押さえられた右ヒジが前足のカベと同じ役割を果たしている。前足を止めることで勢いが加速されて鋭く振れるのだ

カベができれば開きも抑えられスイングが速くなる!!

狙い

この練習は右ヒジを押さえることで前足のカベの役割を理解する練習も兼ねている。

やり方

❶ まずは右腕をカラダの前で振る
❷ 次に右ヒジを押さえながら振る
❸ ❷の方が鋭く振れることを確認

これで克服

前足逆向きティ

▼カラダの開きを防ぐ練習法②

狙い

前足をキャッチャー方向にねじりながらティをおこない前足のカベを覚える。

やり方

❶ 前足のヒザをキャッチャー方向に向けてかまえる
❷ その姿勢からティバッティング
❸ 前足のヒザは❶の姿勢のままスイング

前足のヒザを内側に向け体重を後ろ足に乗せる

前足を動かさずにスイング開始

ツイストするようなイメージで振る

これで克服

▼カラダの開きを防ぐ練習法③

胸ロゴチェック素振り

狙い

カラダが開くタイミングを確認するため、スイング時の胸のロゴをチェック。

やり方

1. 正面にチェック役の人が立つ
2. その人に向かって素振りをする
3. 振り出し時に胸のロゴが見えていないかチェック

○
胸のロゴが見えない
➔カラダが開いていない

×
胸のロゴが見える
➔カラダの開きが早い

ココが弱点

前に突っ込んだり ワキが開くクセがある。

なぜ、カラダが前に突っ込んでしまうのか？

考えられる原因

- 前から来るボールに対応するため。
- 前足のカベができていないから。
- 間違った腕の使い方をしているから。

解決方法

練習法①

座位素振りで
カラダの使い方を身につける。

▶▶▶ P.79へGO!

練習法②

前足１本素振りで
前足のカベの役割を確認する。

▶▶▶ P.80へGO!

練習法③

片手素振りで
腕の使い方を確認する。

▶▶▶ P.81へGO!

これで克服

座りながら素振り

▼前に突っ込まないための練習法①

狙い

イスに座ることで下半身が固定され上体は突っ込むことがなく、正しいカラダの使い方を確認できる。

やり方

❶ イスに座り足を広げる
❷ その場で素振りを繰り返す

1 足を広げてしっかりとトップをつくる

2 上体を突っ込ませずにスイング

3 フォロースルーまで正確におこなう

これで克服

▼前に突っ込まないための練習法②

1本足素振り

1 後ろ足1本でかまえる

2 スイングしたらカラダが開いてしまう

3 前足1本でかまえる

4 スイングしてもカラダが開かない

狙い

後ろ足1本と前足1本での素振りを順番におこない、カラダの開き方の違いを体感して前足のカベの役割を理解する。(2よりも4の方がバットが振れることを体感する)

やり方

1. 後ろ足1本で立ち素振りをする
2. カラダの開き方を確認する
3. 前足1本で立ち素振りをする
4. カラダが開いていないことを確認する

これで克服

片手スイング

前に突っ込まないための練習法③

前腕だけでスイング

○ ワキが開かない

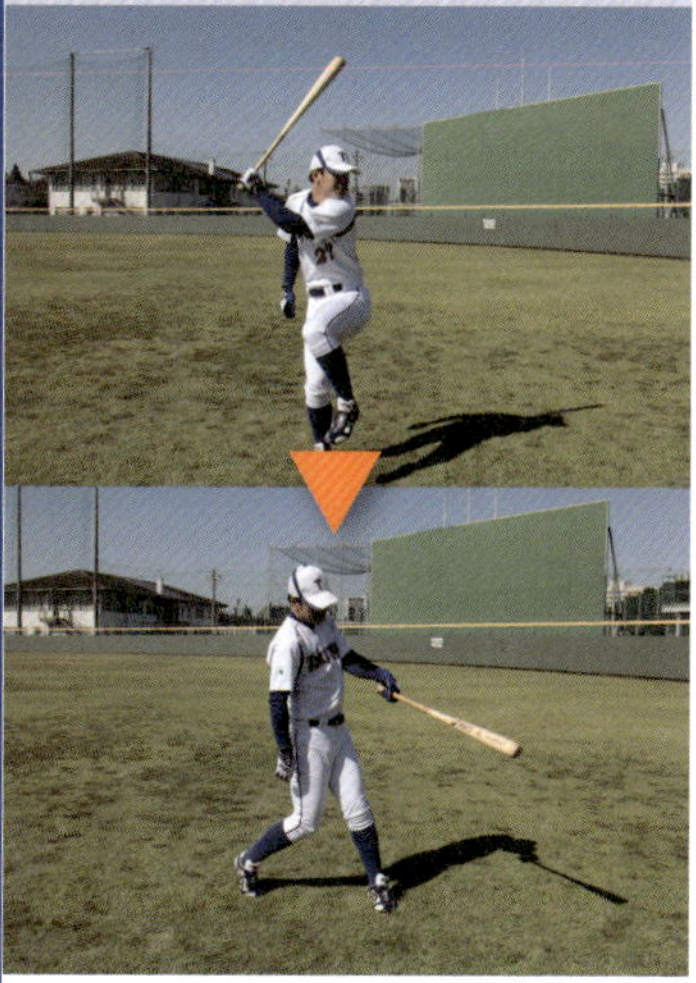

後ろ腕だけでスイング

○ 後ろ腕のヒジがおヘソの前を通る

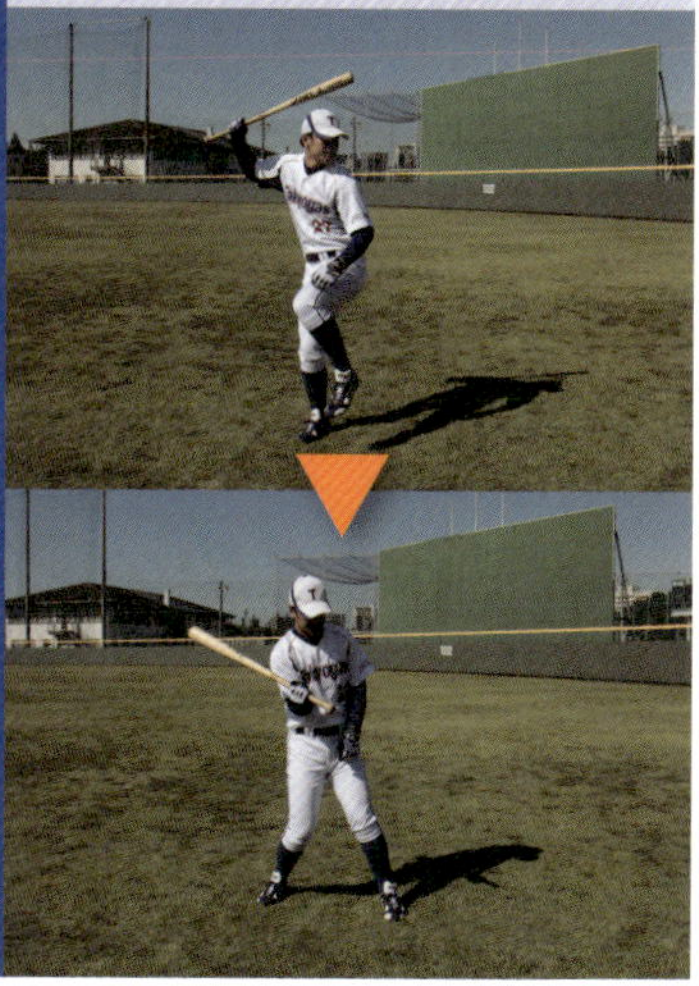

この腕の使い方を両腕でもできるように！

両腕でスイング

グリップエンドから振り出され後ろ腕のヒジがおヘソの前を通る

前足でカベをつくり前のワキも開かずにスイングできる

正しいスイングができれば自然と手首が返ったフォロースルーになる

狙い

片方の腕だけでスイングすると誰でも自然と正しい腕の使い方になるので、左右片方の腕ずつでおこない正しい腕の使い方を確認する。

やり方

1. 前の腕だけで素振り
2. 後ろの腕だけで素振り
3. 両腕を使って素振り

試合前にもう一度

ココだけはチェック

ステップからバットの振り出し、フォロースルーまでの"スイング"には、その本質とも言える好打者の共通点が多数ある。その一つひとつを確認して、どんな投手であっても自分の形を崩さずに打席に立てるようになろう。

Check Point

体幹がねじられているか?

腰と肩の回転の時間差による体幹のねじりがスイングのパワーを増幅させる。腰から回転し、肩が途中で追い越すカラダの使い方ができているかを確認しよう。

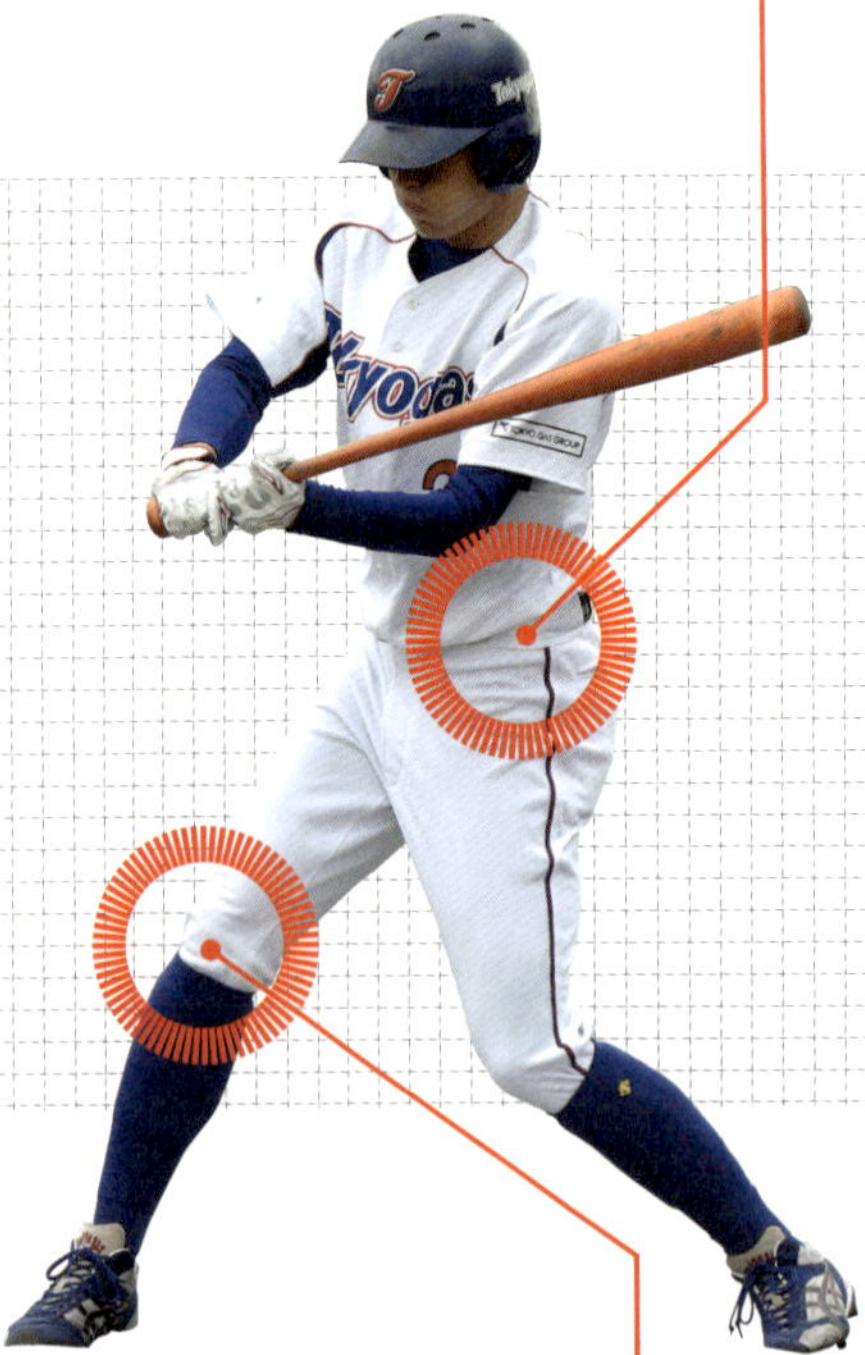

Check Point

ヒザが前を向いていないか?

疲れが溜まってくると下半身の踏ん張りが弱くなり、ヒザがピッチャー方向を向いて前足のカベができなくなるので気をつけよう。

▸ Check Point

手首を意識しすぎていないか?

インサイドアウトでスイングができていれば、手首は自然と返る。過剰に手首を意識するといわゆる「こねる」状態になりがちなので、スイングそのものに目を向けよう。

▸ Check Point

グリップエンドから振っているか?

グリップエンドからバットを振り出すには後ろ腕のヒジを折りたたんでおヘソの前を通すスイングが求められる。この腕が伸びると打球に力が伝わらないので要注意。

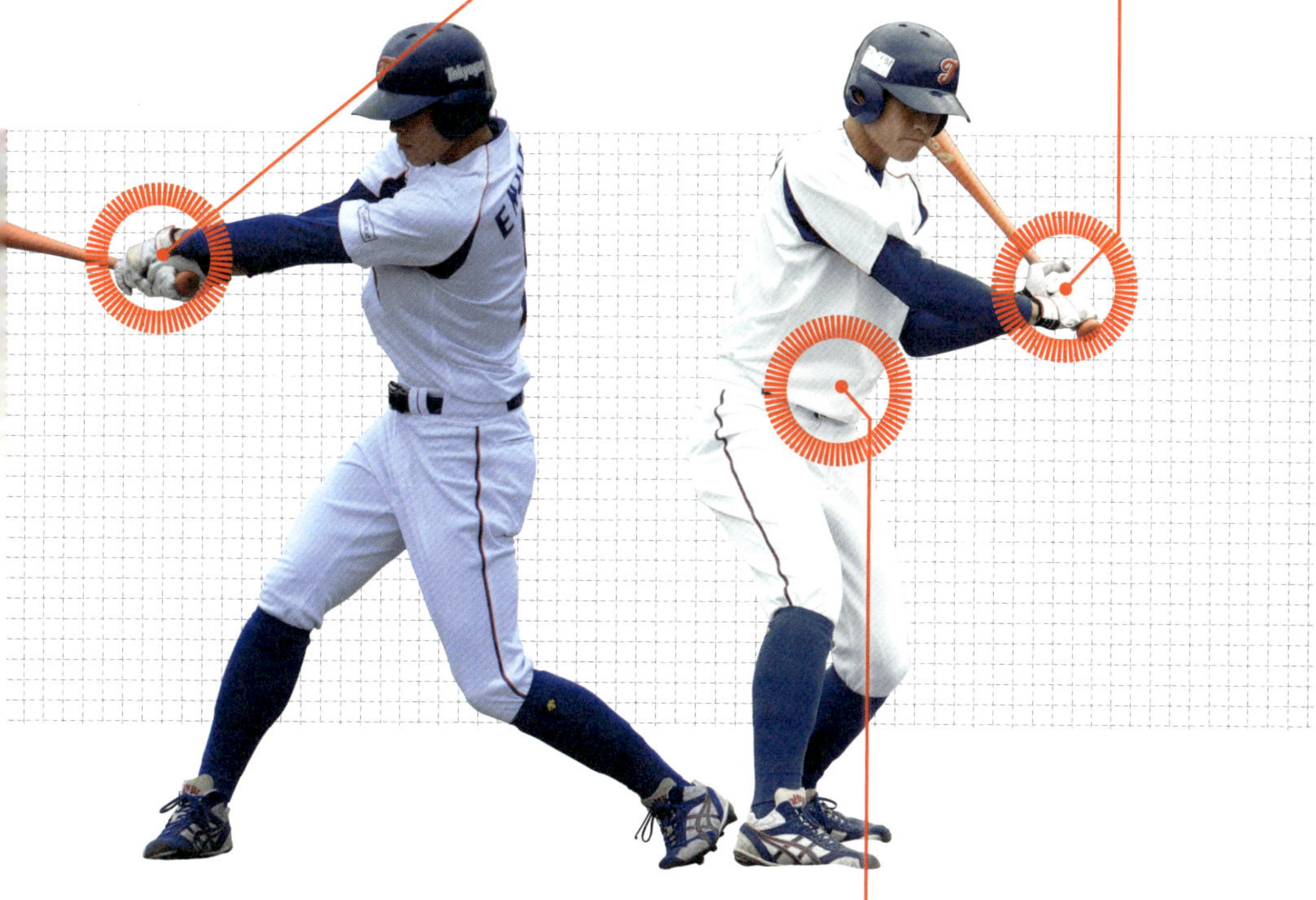

▸ Check Point

ステップ時にカラダが開いていないか?

前足ステップをしたときにすでにカラダが開いていると力強いスイングはできない。しっかりと後ろ足の内転筋に力を入れてカラダの開きを抑えられるようになろう。

コラム3

負荷を変動させて脳に感覚を残す

たとえば、10kgの力を出すトレーニングだけを継続的におこなえば、いずれは10kgの力を出すカラダの使い方が上手になるが、それが効率の良い方法かと言えば、実はそうではない。5kgや、15kgの力を出すトレーニングもおこなった方が脳へ感覚が残りやすいのだ。

バッティング練習であれば、常に球速100km/hで打撃練習をするのではなく、80km/hや120km/hも織り交ぜながらおこなったほうが良い。ピッチング練習でも、外角低めのコントロールを身につけたいとしても、内角高めや低めなど、様々なコースへ投げる練習も同時におこなった方が、結果として外角低めのコントロールが身につきやすいのだ。

PART 3

ボールを見る

ピッチャーがボールを投げてから本塁に到達するまでの0.5秒の間、バッターの視線はどこにあるべきなのか？ここでは最新のスポーツバイオメカニクスによって導き出された視線の移動について解説する。

を最後まで
ことは可能なのか!?

Q. ボール見続ける

A. ホームベースまで見続けることはできない。

ピッチャーからリリースされたボールがホームベースに到達する18.44mの距離を最初から最後まで見続けることはできない。遠くから向かってくる物に対しては比較的目で追えるが、横切る物は難しい。これは駅を通過する快速電車をイメージするとわかりやすい。自分が駅にいるとして、向かってくるときは見ていられるが、目の前を横切るときは速すぎて追えないはずだ。

では、好打者はボールを見ないで打っているのか?

その答えもNOだ。しっかりとボールを見て打っている。ではどうしてボールを見ることができるのだろうか?その答えは次のページにある。

ボールに対する目の置所

▼ボールの見方1

最初はある程度ボールに追いかけ途中からは先回りして目線を置く

先回りして待つ
視線をホームベース手前に置いて先回りしてボールを待つようなイメージ。

ボールを視野に入れつつ中心は手元に移す

今までに一度は「ボールをしっかり見て打て！」とコーチに言われたことがあるだろう。しかし、前ページにもあるように、ボールを最初から最後まで見続けることはできない。正確に言えば見えはするが、それは目の前を物が通ったということが分かる程度。それをボールと認識して、さらにはスイングしてミートすることは難しい。

そこで、上の写真のように目線を先回りさせるのだ。こうすることで、手元までボールを見ることができる。注意すべきことは、視野の中心を手元に移しながら、その周辺にボールを入れておくこと。これは本の行間を移すときのように、前の行を視野に入れながら次の行をその中心で捉える動きに近い。

途中まで追いかける
ピッチャーのリリースからボールを追い続け、球速やある程度のコースを見極める。

本を読んでいるときの
行間を移るときの
ようなイメージ。

上達のコツ
the keys to success

▼ボールの見方2
好打者は先回りする目の置所が上手い

ピッチャーとボールを見る

BATTER'S EYE
前足でタイミングを計り、ピッチャーのリリース時にはトップをつくっておく。この時点ではピッチャー全体を視野でとらえる。

すばやく手元に移すが目の置所に正解はない

上の写真はバッター目線を表現したもの。赤い円の中がバッターの視界。リリース時は当然ピッチャー全体を視界にとらえている。その後、ピッチャーの手元から離れたボールの軌道を追いかけ、球種や大まかコースなどの情報を読み取る。ここまでが右上の視界。

そこからすばやく本塁手前へと視線を移す。移す場所は人それぞれであり、正解はない。だが好打者はこの目の置所がうまいと言われている。このとき、頭は動かさずに眼球だけを動かすと、より正確にボールをとらえることができる。スイング中に頭を動かすことはスイング自体を不安定にさせるので、眼球だけを動かすイメージでボールを先回りして待ちかまえよう。

先回りをして目を置く

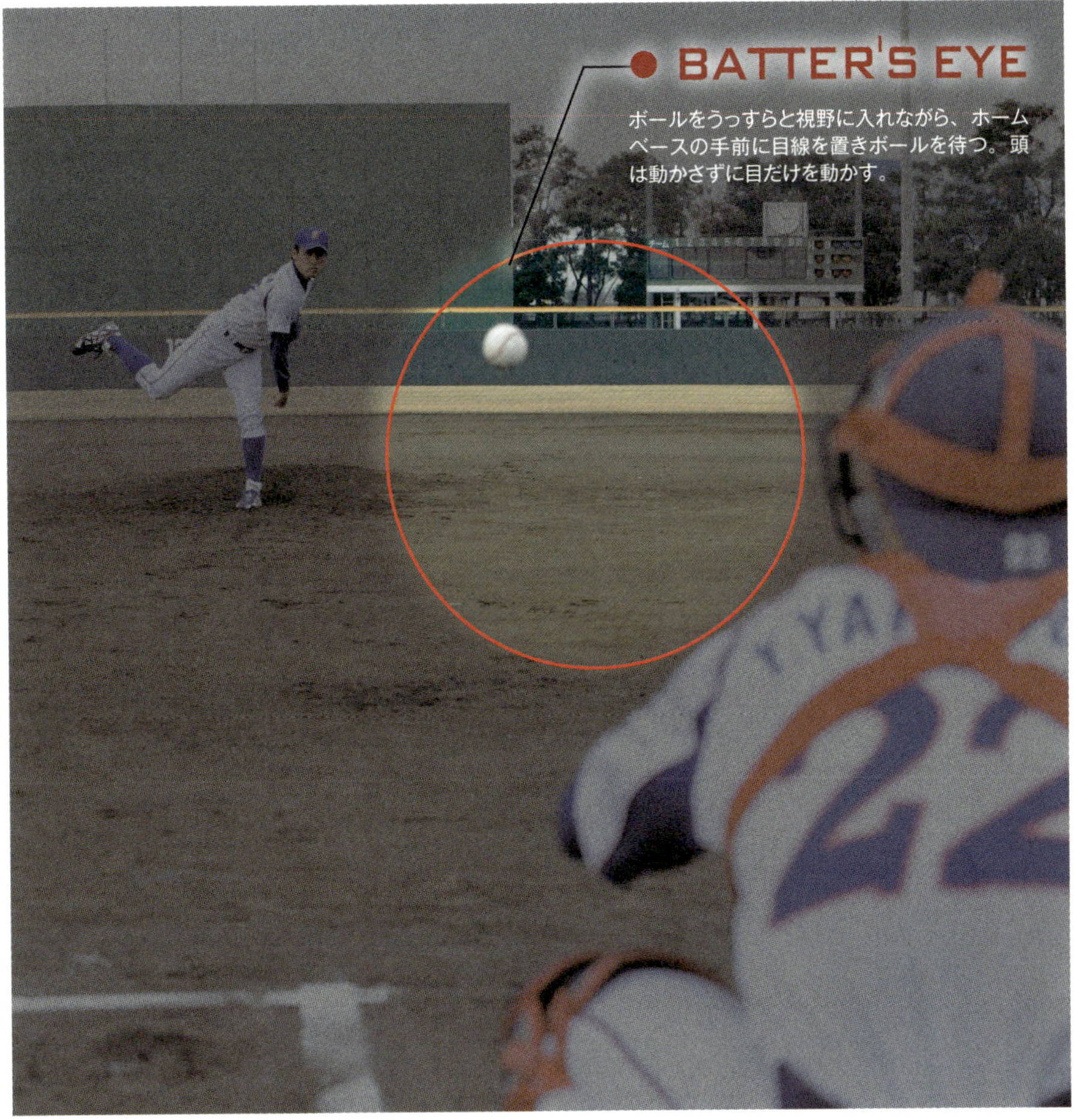
BATTER'S EYE
ボールをうっすらと視野に入れながら、ホームベースの手前に目線を置きボールを待つ。頭は動かさずに目だけを動かす。

頭は動かさずに
目だけを動かして
ボールを見る

上達のコツ
the keys to success

▼ボールの見方3

連続写真で見る打撃フォームと打者目線

バッティングシークエンス

前足をステップして腰の回転をはじめる

リリースのタイミングでトップをつくる

前足を動かしてタイミングを計る

3 ◀ 2 ◀ 1

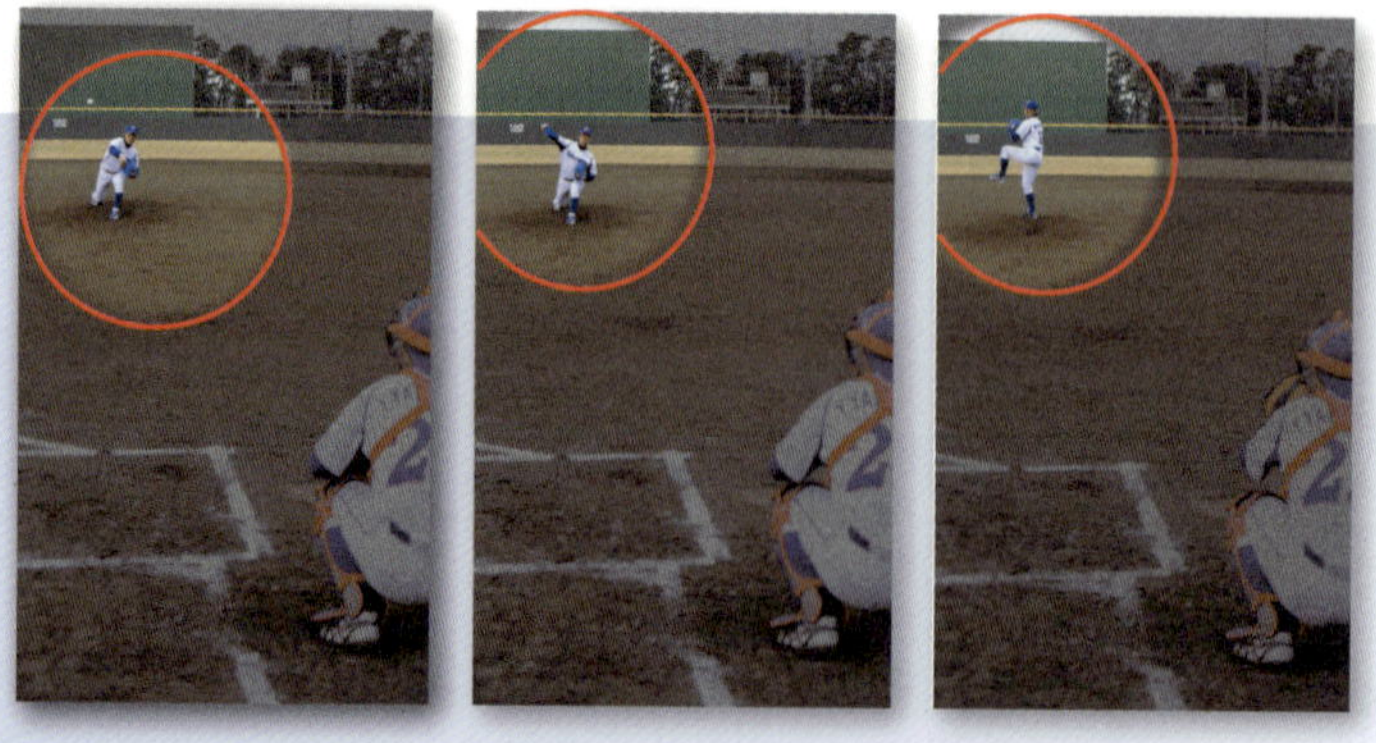

リリース後のボールの軌道を見て大まかなコースを確認

腕の振りからリリースまではしっかりと目で追う

ピッチャー全体に目を向けタイミングを計る

目線シークエンス

ヘッドが遅れて出て
自然に手首が返る

グリップエンドから
バットを振り出す

肩の回転がはじまる

6 ◀ 5 ◀ 4

最後はボールを見るよりも
スイングに集中する

球筋のコースや高さを
瞬時に見極める

ホームベースの手前に
すばやく目線を移す

かは
で判断する!?

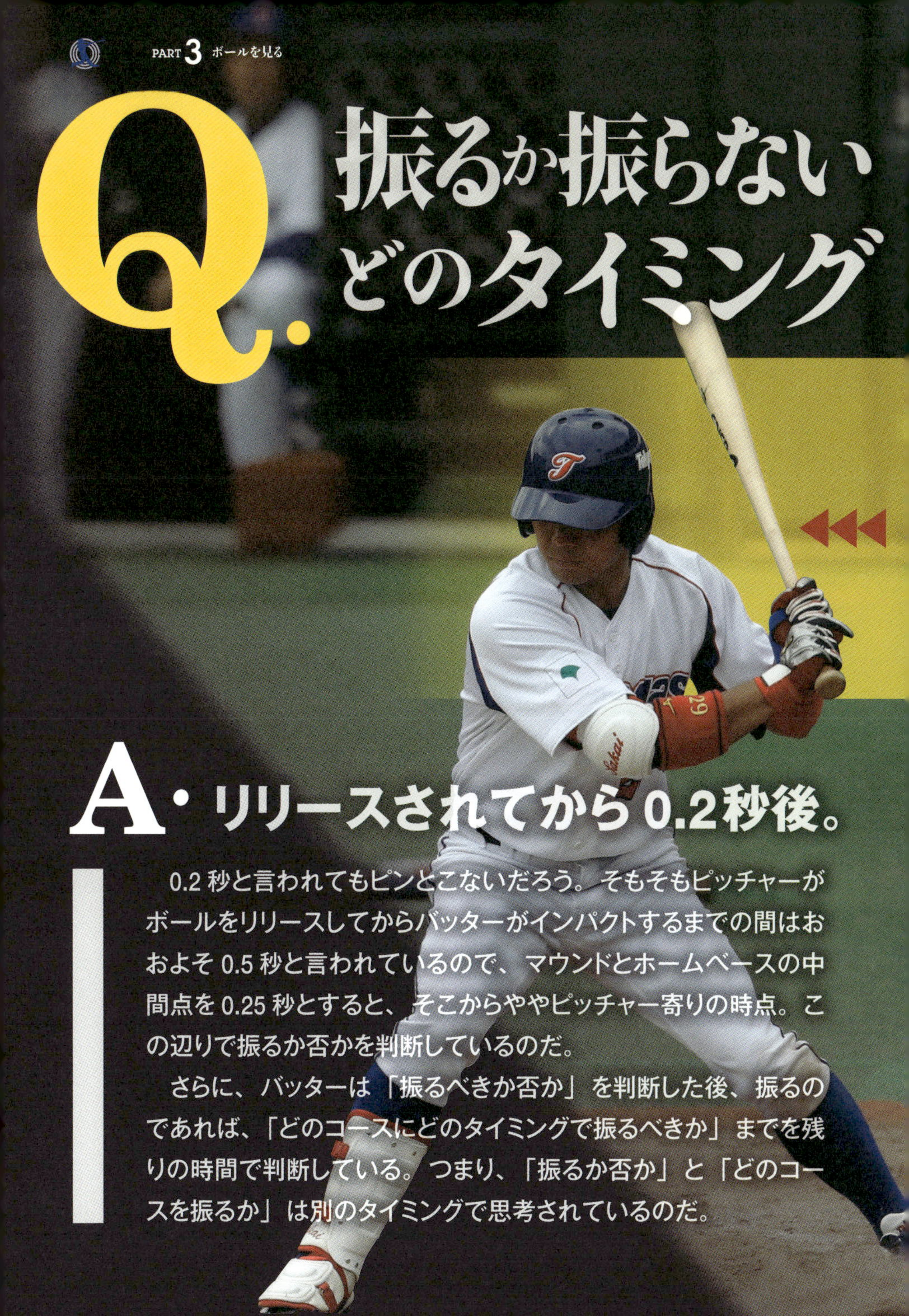

Q. 振るか振らないかどのタイミング

A. リリースされてから0.2秒後。

0.2 秒と言われてもピンとこないだろう。そもそもピッチャーがボールをリリースしてからバッターがインパクトするまでの間はおおよそ 0.5 秒と言われているので、マウンドとホームベースの中間点を 0.25 秒とすると、そこからややピッチャー寄りの時点。この辺りで振るか否かを判断しているのだ。

さらに、バッターは「振るべきか否か」を判断した後、振るのであれば、「どのコースにどのタイミングで振るべきか」までを残りの時間で判断している。つまり、「振るか否か」と「どのコースを振るか」は別のタイミングで思考されているのだ。

0.5秒の使い方

▼打者の反応1

正確にミートするためには0.5秒の間で2つの決断を下す

-0.2
前足を着地させる（スイングの開始）
目線を先回りして振るべきコースやタイミングを計る
-0.1
スイングの位置を決定する
ここまでにヒザやカラダの開き具合で振るべきコースに対応する
-0.0
インパクト
タイミングを合わせてしっかりミート

0.5秒でおこなわれるふたつの決断

ピッチャーがボールを投げてから、ホームベースに到達する時間はおよそ0.5秒。この時間の中で、バッターはふたつの決断を下してスイングをする。

ひとつは、リリースから0.2秒後の「スイングするか否か」の決断。ピッチャーの手から離れたボールの速度や軌道を見て自分の狙った球種やコースに近いかを判断し、スイングするべきかの決断を下す。

もうひとつは、リリースから0.4秒後までの「コースに対応するスイング」の決断。ボールの軌道の高低やインコースかアウトコースかなどの判断をする。そして、ヒザやヒジ、またはカラダの開き具合などを瞬時に調節することでコースに対応したスイングをおこなうのだ。

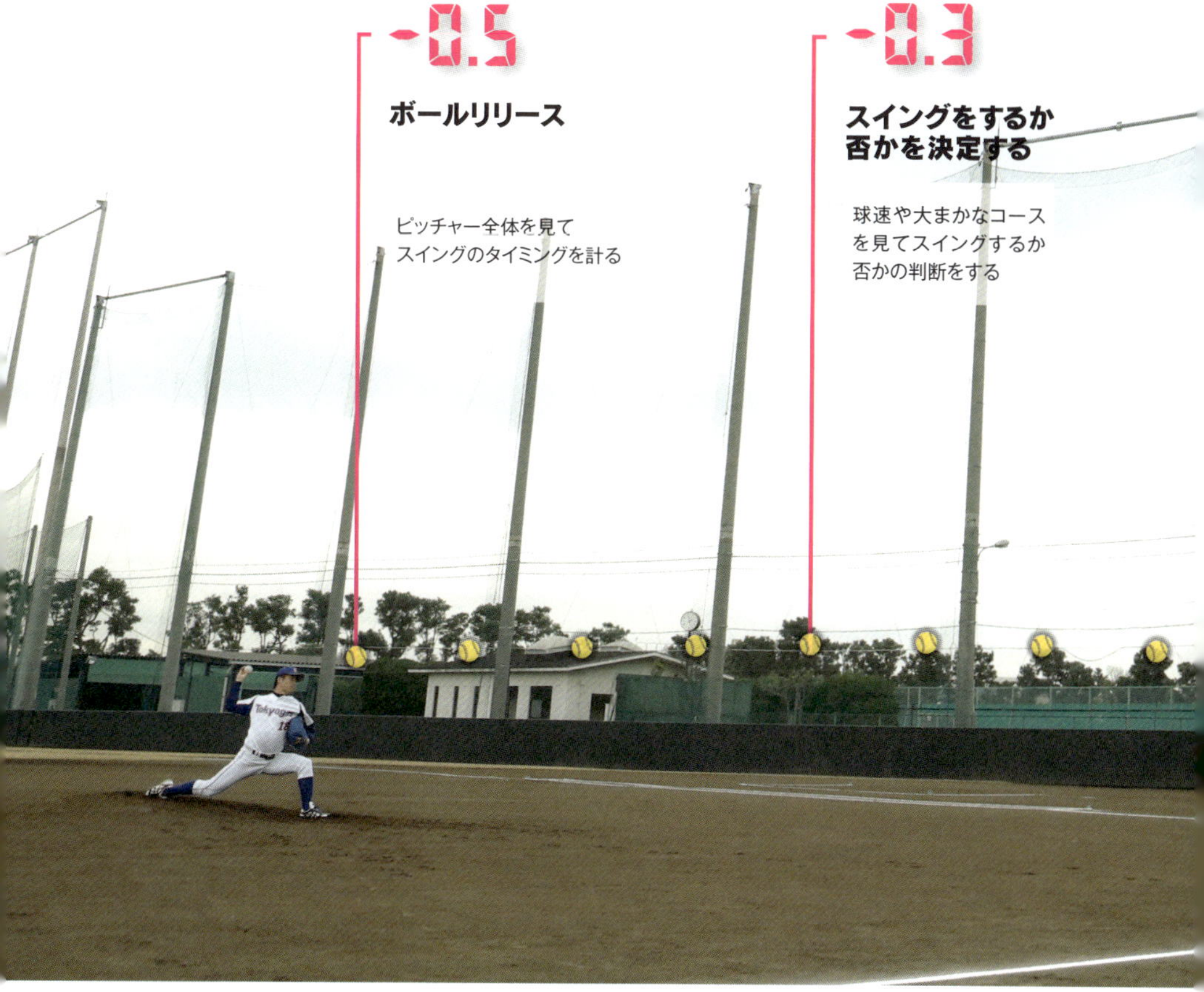
-0.5
ボールリリース
ピッチャー全体を見て
スイングのタイミングを計る
-0.3
スイングをするか
否かを決定する
球速や大まかなコース
を見てスイングするか
否かの判断をする

自分に合った
目の置所を
見つけよう。

上達のコツ
the keys to success

ボールの軌道と速度から スイングするかを決定する

ここでは目や頭を多少動かしてボールの軌道を追うことで正確な予測ができる

▼打者の反応2

振るか振らないかと、どのコースを振るかは別作業

目を置いたポイントに入ってくる軌道を意識

ピッチャーが投げてからスイングするまでの0.5秒の間でふたつの決断をすることは前ページで解説した。これはつまり、「振るか否か」と「どのコースにスイングするか」は別作業で考えられているということだ。

読み通り変化球が投げられスイングをする決断をしても、どのコースに来るのかは0.2秒の時点では大まかにしか分からない。そこから、目を移して自分が定めたポイントに入ってくる軌道を見て、瞬時に対応する必要があるのだ。

そのため、日頃から漠然とスイングするのではなく、自分が定めた目の置所と、そこに入ってくるボールの軌道、それに対するカラダの使い方に意識を置いて練習してみよう。

ボールの軌道から ミートする位置を決定する

ここでは頭を動かさないで目の中を動くボールを追うことで正確は捕捉ができる

ティを置いて自分のポイントを見つける。

上達のコツ
the keys to success

ココが弱点

ボールをしっかりとミートできない。

なぜ、ボールを正確にミートできないのか?

考えられる原因

- トップの位置が不安定だから。
- 打席でボールを見ることに慣れていないから。
- ボールを追う目線がぶれているから。

解決方法

練習法①

バランスマットで軸足を鍛える

▶▶▶ P.101へGO!

練習法②

ブルペンに立ち生きたボールをたくさん見る

▶▶▶ P.102へGO!

練習法③

打席では３塁コーチを見るクセをつける

▶▶▶ P.103へGO!

これで克服

▼ボールをミートする練習法①

素振り onバランスマット

狙い

テイクバックからトップまでの軸足が不安定だと目線がぶれてミートしづらくなるので、バランスマットで軸足を強化。

やり方

❶ バランスマットの上に軸足を置く
❷ その状態で素振りを繰り返す

かまえからトップまでの目線がぶれないように!!

1 軸足をバランスマットの上に置く

2 目線がぶれないようにトップをつくる

3 軌道をイメージしてグリップエンドから振り出す

4 最後まで振り抜いてフォロースルー

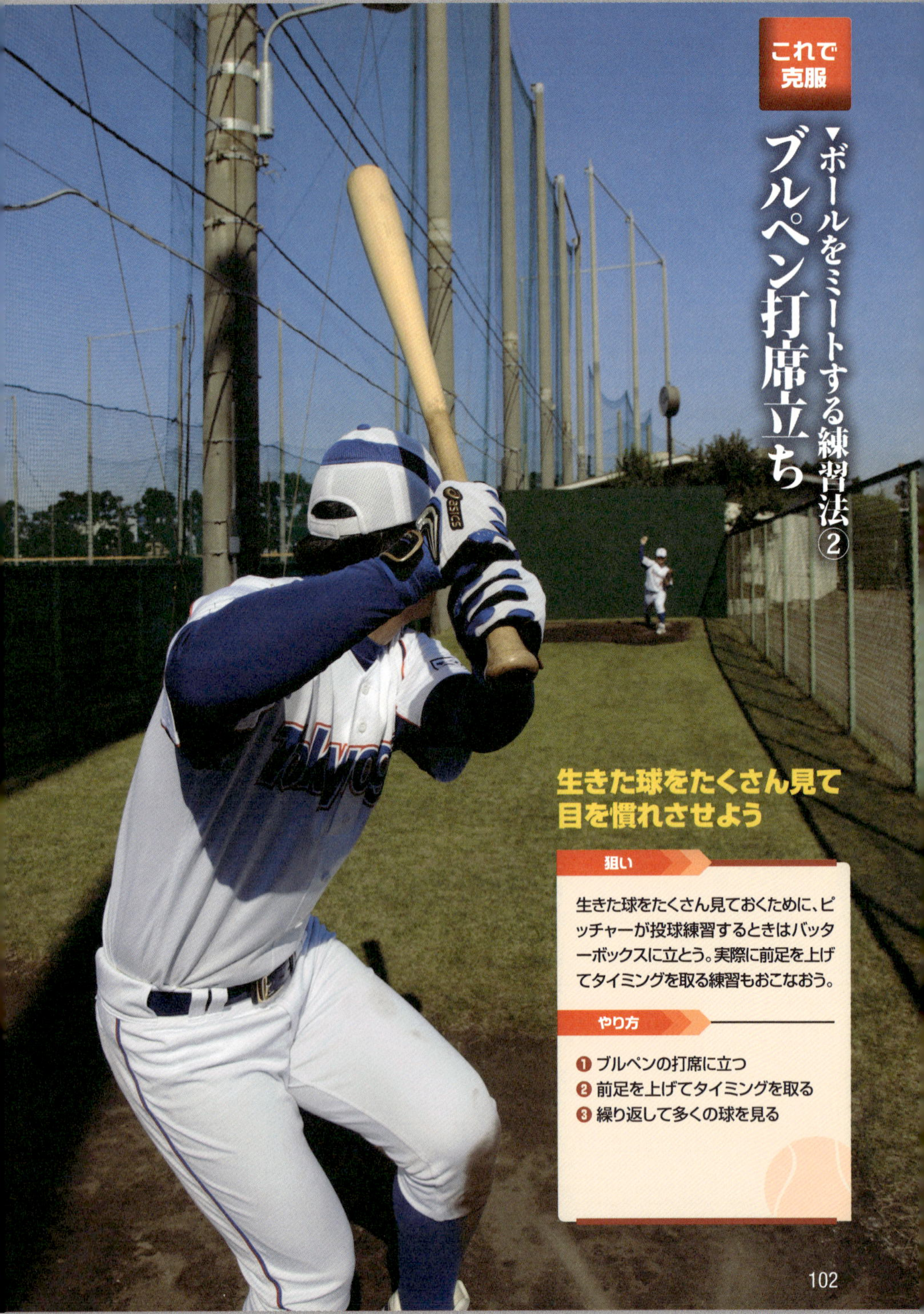

これで克服

▼ボールをミートする練習法②

ブルペン打席立ち

生きた球をたくさん見て目を慣れさせよう

狙い

生きた球をたくさん見ておくために、ピッチャーが投球練習するときはバッターボックスに立とう。実際に前足を上げてタイミングを取る練習もおこなおう。

やり方

❶ ブルペンの打席に立つ
❷ 前足を上げてタイミングを取る
❸ 繰り返して多くの球を見る

これで克服

▼ボールをミートする練習法③

3塁コーチを見る

1 いつものように打席に入る

2 ピッチャーを見てかまえる

3 かまえたまま目線だけを3塁コーチに向ける

4 その目線を再びピッチャーに向ける

狙い

かまえた後に一度3塁コーチに目線を向けることで、カラダを開かずに両目でボールをとらえやすくなる。

やり方

❶ 普通に打席に入りかまえる
❷ かまえを動かさずに目線だけを3塁コーチに
❸ かまえを動かさずに目線をピッチャーに戻す
❹ この動作を打席でのルーティンにする

試合前にもう一度

ココだけはチェック

ボールを見るという動作には技術力が必要だが、同時にその日の調子も大きく左右する。バッターとしてはできるだけ好不調の波を減らし、どんなときでも常に自分のポイントに目を置けるようになりたい。

Check Point

ピッチャーにタイミングを合わせているか?

打席ではピッチャーが足を上げるタイミングで、バッターも前足を上げテイクバックの動作に入る。そのためには、前足をかるく動かすなど、テイクバックにスムーズに移行できるような準備動作を確立させておきたい。

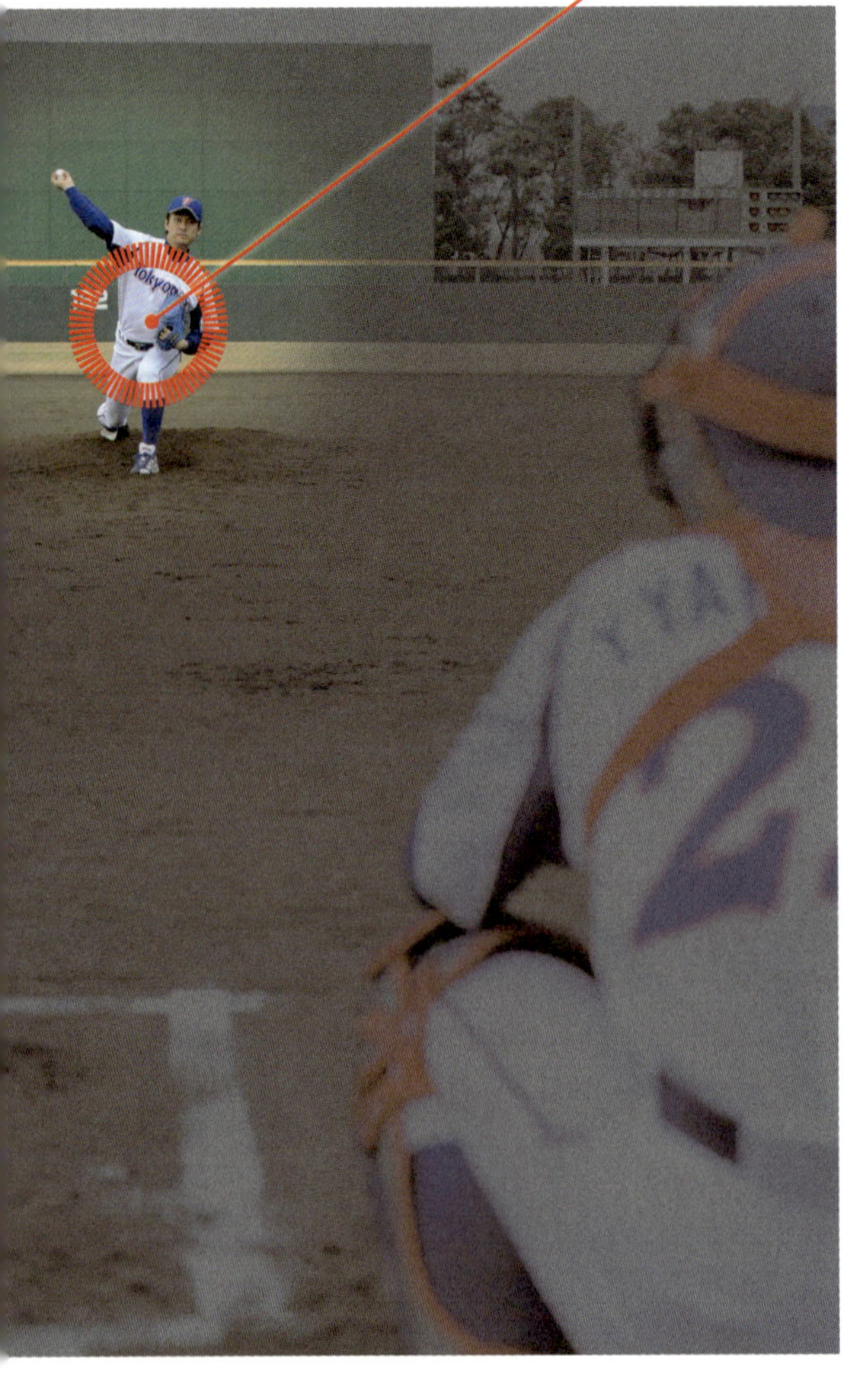

▶ Check Point

目の置きどころはズレていないか？

調子が悪い日やピッチャーとのタイミングが合わないとストライクゾーン手前に目線を移すときのポイントにズレが生じていることがある。逆に調子の良い日やピッチャーとのタイミングが合うときは「ボールが止まって見える」ほどピッタリ捉えられることもあるので、良いときのイメージを大切にして、この目の置きどころを一定に保てるようになりたい。

▶ Check Point

ボールをただ追い続けていないか？

打ち気が強くなりすぎるとボールを追いかけがちになる。ボールを追いかけると、必然的にカラダの開きも早くなり思うようなスイングができなくなってしまう。打席ではピッチャーのリリース付近に目をやりながら、自分で定めたホームベース寄りのポイントにも目を置けるような冷静さが欲しい。

コラム4

過剰練習は時間のムダ!?

「練習は裏切らない」。これは多くのアスリートが口にしている言葉。日々の練習で身につけた技術はすぐには忘れないし、精度を高めていけば武器にもなる。しかし、練習の種類によっては、できるようになった時点で、練習量を減らしても良いものもある。

たとえば、野手の連携。動きの約束事などが身についたら毎日する必要はなく、週に数回程度でもそのレベルを維持できる。できる前の練習量を続けても効果はあまりなく過剰練習になる。もちろんムダではないが、その時間をほかの練習に費やした方がチーム強化という意味では効果的だろう。

PART 4

遠くへ飛ばす技術

バッティングは技術だ。筋力がなくても巧みにバットを使うことで遠くに飛ばすことはできる。ここでは、打球を遠くに飛ばすためのカラダの使い方やバットの振り方を解説する。

基本技術を土台にさらに遠くへ飛ばすための技術を身につけよう!!

ストライクゾーン 1

P.110へGO!

打席ではストライクゾーンを9つに分けてイメージしておき、それぞれのコースに対応できるようになりたい。

カラダのねじり 4

P.116へGO!

トップをつくる腕とステップする足で体幹が対角線に伸びてねじられる。このねじれがスイングを加速させる。

下半身の使い方 3

▶▶▶ P.114へGO!

タメをつくる動作や前足のカベなど、バッティングの土台は下半身の使い方にある。

タイミング 2

▶▶▶ P.112へGO!

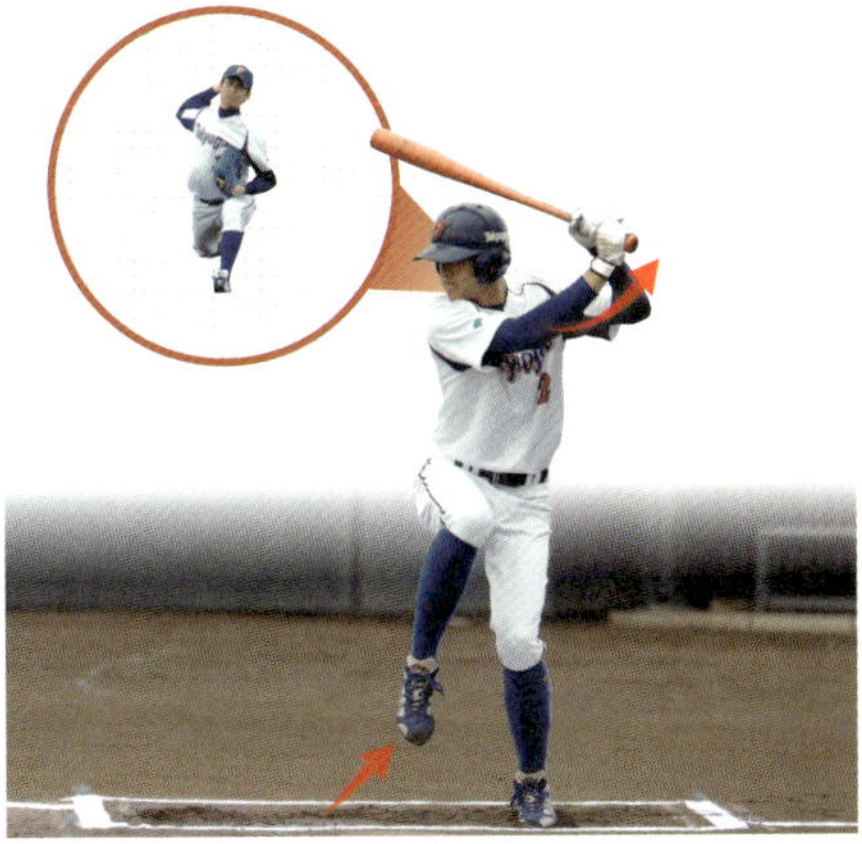

ピッチャーのモーションにタイミングを合わせる、自分だけの準備動作を身につけよう。

スイング軌道 5

▶▶▶ P.118,120へGO!

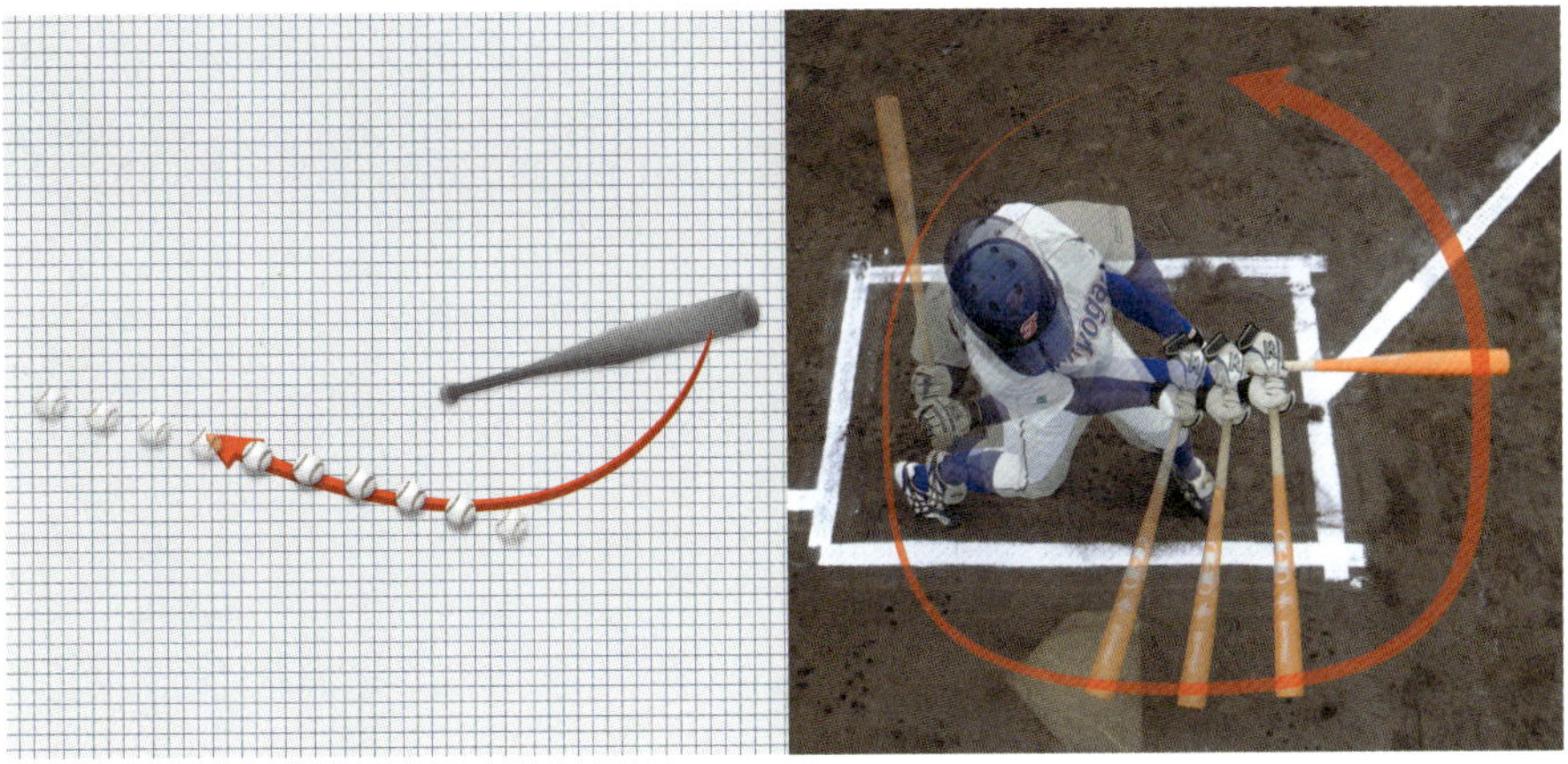

1点でとらえる円軌道のスイングよりもミートポイントを長く持てる楕円軌道のスイングが好打者への近道だ。同時に、スイングはややアッパー（ボールに対してレベル）スイングが理想的。

ストライクゾーン

▼ストライクゾーン

ストライクゾーンの理解がバッティングを助ける

■ コースの種類

1,2,3 ▸ インコース（内角）

7,8,9 ▸ アウトコース（外角）

1,4,7 ▸ ハイ（高め）

3,6,9 ▸ ロー（低め）

肩とズボンの中間
ヒザ頭の下
1 4 7
2 5 8
3 6 9

ストライクゾーンの下限はバッターのヒザ頭の下、上限は肩の上部とズボンの上部の中間部分。ホームベース上の空間において、この高さの間にボールがかすればストライクとなる。

9分割のイメージを持ち日頃からスイングする

普段、素振りをするときにどんなことを考えてやっているだろうか？　多くの人は自分のカラダの使い方に意識を置いて振っていることだろう。これはとても良いこと。しかし、それにプラスして、右上のようにストライクゾーンを9分割したイメージを持ち、それぞれに対応したスイングをおこなえれば、さらに良いだろう。高低はヒザの曲げ具合や腕の出し方で対応し、左右はカラダの開きやヒジの曲げ具合で対応しよう。

ここからはストライクゾーンのルールの話。ホームベースの横幅は約ボール6個分だが、ストライクゾーンにボールの一部でもかすればストライクと判定されるので、実際には左右にプラス2個と考えておこう。

ボールがかすればストライクになる

ボールの一部がストライクゾーンをかすればストライクになるので、ホームベースの横幅は約ボール6個分だが、左右プラス2個分を考慮に入れて、ボール8個分と考えておこう。

スイング時の姿勢で判断

ストライクゾーンはかまえの姿勢ではなくスイング時の姿勢で判断される。そのため極端に低くかまえてもストライクゾーンが狭くなるわけではない。

9分割をイメージして素振りしよう。

上達のコツ
the keys to success

振り遅れないための準備動作

▼タイミング

ピッチャーにタイミングを合わせるための3つの準備

1 カラダを動かす

前足をやグリップを動かしてトップに入る“きっかけ”をつくる

受け身であるバッターがタイミングを合わせる

バッターは常に受け身だ。主導権はピッチャーにあり、自分のタイミングで投球できる。バッターはそれにタイミングを合わせ、できる限り自分のバッティングをする。

ピッチャーにタイミングを合わせる方法は人それぞれだが、かまえの時点で前足やグリップを小刻みに動かしテイクバックへ移行しやすい状態をつくっておく方法が一般的である。

そして、ピッチャーが足をあげるタイミングで、バッターも足を上げてテイクバック。

その後、ピッチャーがリリースする瞬間にはバッターもトップをつくっておく。そしてリリース後の軌道から振るか否かを判断して、コースに対応したスイングをおこなう。

3 振るか振らないかを判断する

2 リリース時にトップをつくる

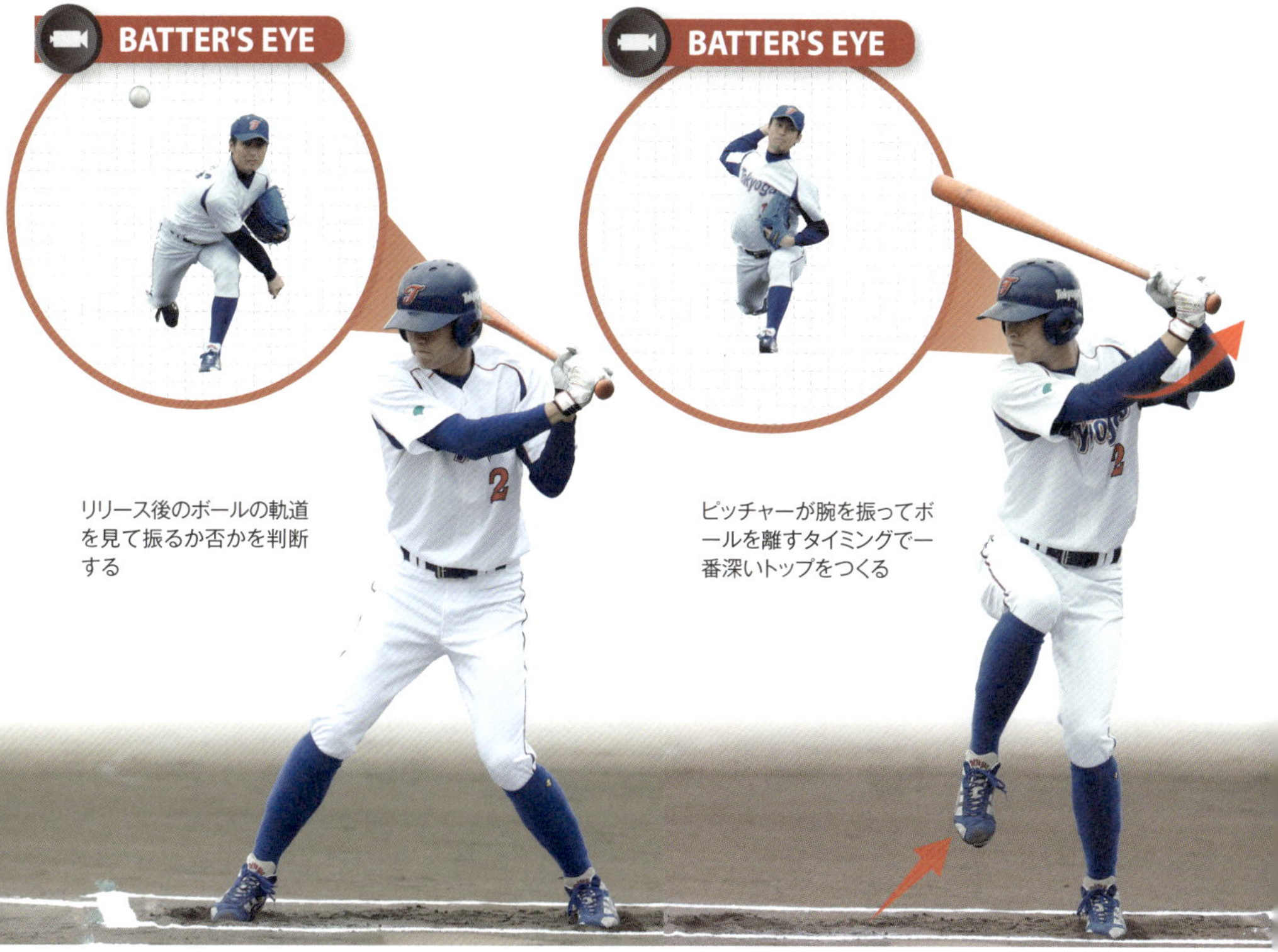

リリース後のボールの軌道を見て振るか否かを判断する

ピッチャーが腕を振ってボールを離すタイミングで一番深いトップをつくる

前足やグリップを動かしながらタイミングを計る

上達のコツ
the keys to success

▼下半身の使い方

足を上手に使えれば大きなパワーを生み出せる

スイングスピードを上げるヘッドの出し方

1 母指球と内転筋に力を入れる

テイクバックでは後ろ足の母指球と内ももに力を入れてカラダの開きを抑える

POINT

後ろ足で我慢をして軸を残す

後ろ足で踏ん張りカラダの軸を残すイメージで、前に体重移動をする。

母指球とは?

足の親指の付け根あたり。ここで踏ん張ることが大事

後ろ足の内ももから前足の内ももへ

筋肉は大きいほど出力するエネルギーも大きいので、カラダの中で一番大きな太ももの筋肉をスイングに生かすことが、打球を飛ばすことにつながる。

右上の1にあるように、トップをつくる段階では後ろ足の母指球で踏ん張り、内ももに力を入れる。こうすることで、状態を安定させたまま後ろ足に体重を乗せることができる。

2の前足ステップを着くまでは後ろ足の内ももに力を入れながらおこなう。ここで体重移動を遅らせることが大きなパワーをつくるポイントになる。

3で前足が着地したら前足の内ももに力を入れ、ヒザをホームベースに向けてカベをつくり体重移動のエネルギーをすべて受け止め、上半身へと伝える。

3 前足で体重移動を受け止める

前足でカベをつくって体重移動の力を受け止めることで腰が鋭く回りスイングスピードが増す

2 ヒザと足先を本塁に向けてステップ

前足でも拇指球で踏ん張りヒザと足先を本塁に向けることでカラダの開きを抑えられる

スイングの力は下半身から生まれることを実感しよう。

上達のコツ
the keys to success

▼カラダのねじり

下半身始動で動き出し上半身のねじりを生み出す

1 後ろ足の股関節に体重を感じてかまえる

4 伸びたゴムが戻るようにねじられたカラダが勢い良く回転をはじめる

体幹の両端にある腕と足を逆方向へ

スイングスピードを上げるには体幹をねじらせることが欠かせない。強く伸びたゴムが勢い良く戻るように、強くねじられた体幹は勢い良く回り、スイングの力となるのだ。

体幹をねじらせるには、それの両端にある腕と足が逆方向へ向かう必要がある。つまりゴムの両端を引っ張るようなもの。足はステップによって前に向かい、腕はトップをつくることで後ろに向かう。これで体幹はねじられる。しかし、そこから肩を残したまま腰だけを回転させることができれば、体幹はさらにねじられるのだ。肩を我慢してカラダの開きを抑えることができたら、スイングスピードが上がり打球をさらに飛ばすことができるようになる。

2 後ろ足に体重を移動して上半身もキャッチャー方向へかるくひねられる

POINT

腕と足を逆方向へ動かす

前足ステップ時にトップを深くつくりカラダを大きくねじらせる。

3 前足ステップ時にトップが一番深くなりカラダのねじりが最大になる

5 肩の回転が腰の回転を追い越すときにカラダのねじりはゼロになる

6 肩の回転が腰を追い越し自然に手首が返るようなフォロースルーになる

上半身を我慢することでカラダのひねりが最大になる。

上達のコツ
the keys to success

▼スイング軌道1

円軌道ではなく楕円軌道の振りがインパクトゾーンを長くする

円軌道のスイング

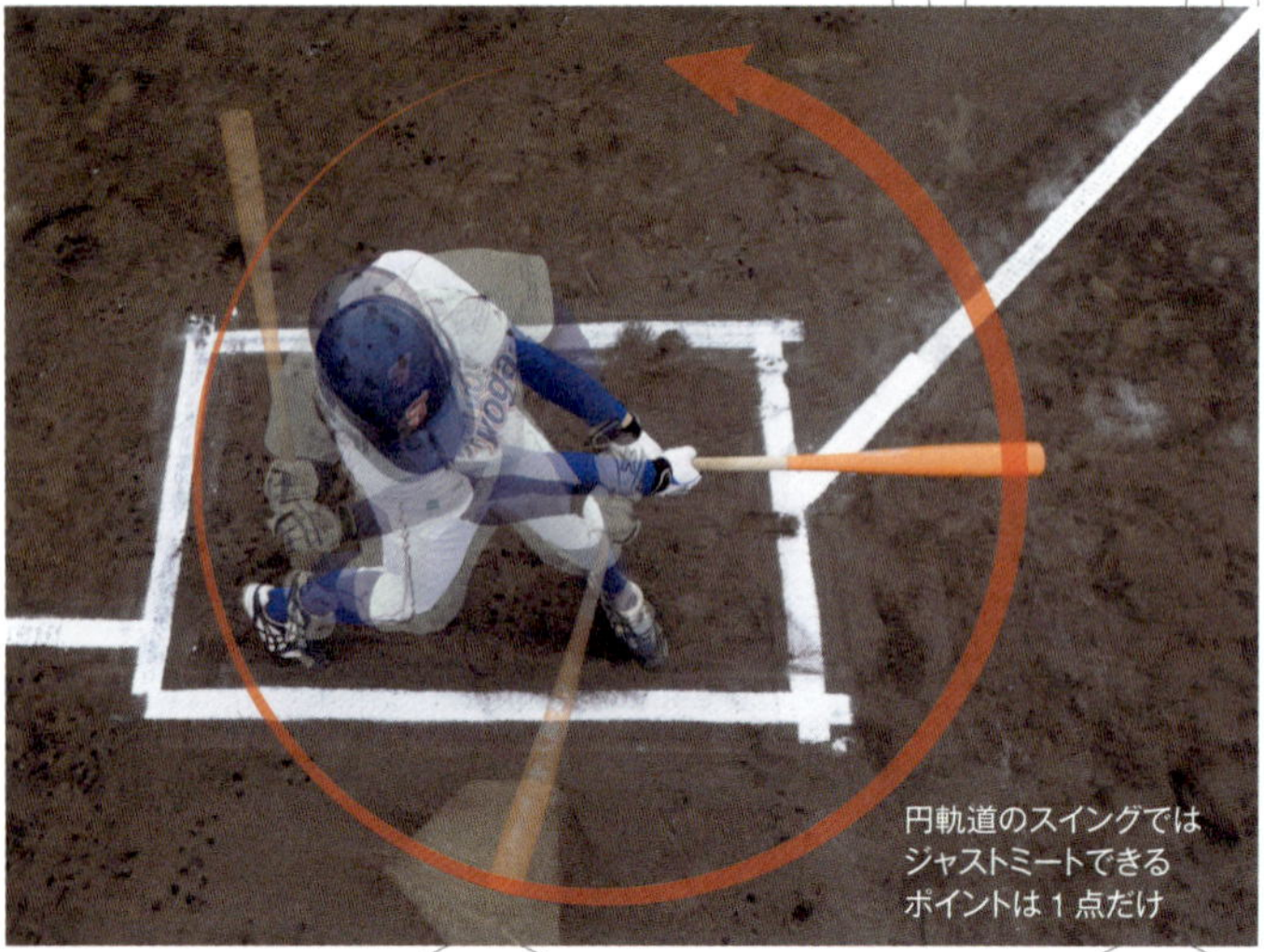

円軌道のスイングでは
ジャストミートできる
ポイントは1点だけ

振り遅れ

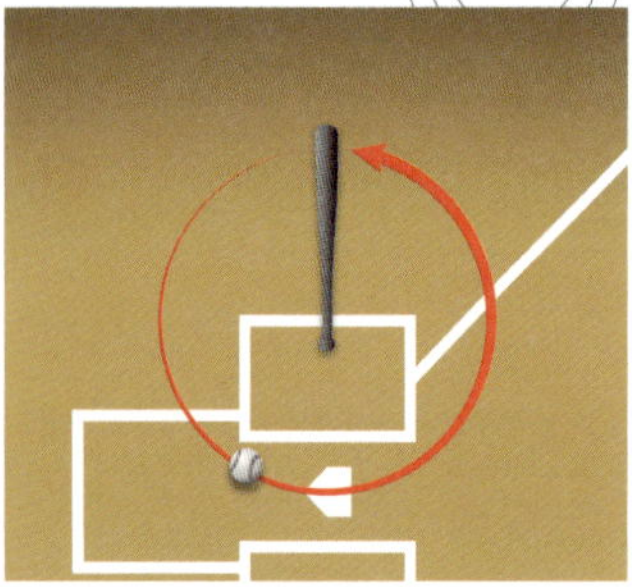

バットはさほど加速しておらず一塁側へのスライス打球になる

ひっかけ

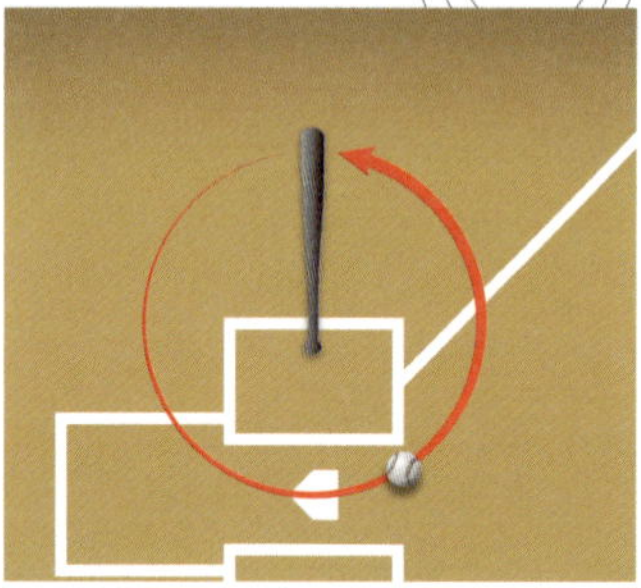

バットは加速しており打球は飛ぶが三塁方向へのファールになる

並進軌道でミートゾーンを長く保つ

　ボールをミートした瞬間のバットの角度によって打球は変わる。たとえば、右バッターが振り遅れでミートした場合は、打球はライト側へスライスするし引っ掛ければレフト側へのファールになる。そして、バットに対してボールが直角に当たればジャストミートとなり、センターへ打球が飛ぶ。

　バッターは基本的にセンター返しを心がけているので、ボールをジャストミートできるタイミングをなるべく長く保ちたい。そのためには左上にあるようにホームベース上でバットを並進させるスイングを習得したい。円軌道だと、ジャストミートは一点でしかないが、並進軌道であれば、点を線にすることができるのだ。

楕円軌道のスイング

POINT

インパクトゾーンで並進させる

ヘッドが出てくるあたりで、そのままバットを並進させるイメージ。

バットを並進させることができればジャストミートできるタイミングが長くなる

インパクトで押し込む感覚をつかもう。

上達のコツ
the keys to success

▼スイング軌道2

ボールを線でとらえる“やや”アッパースイング

ダウンスイング

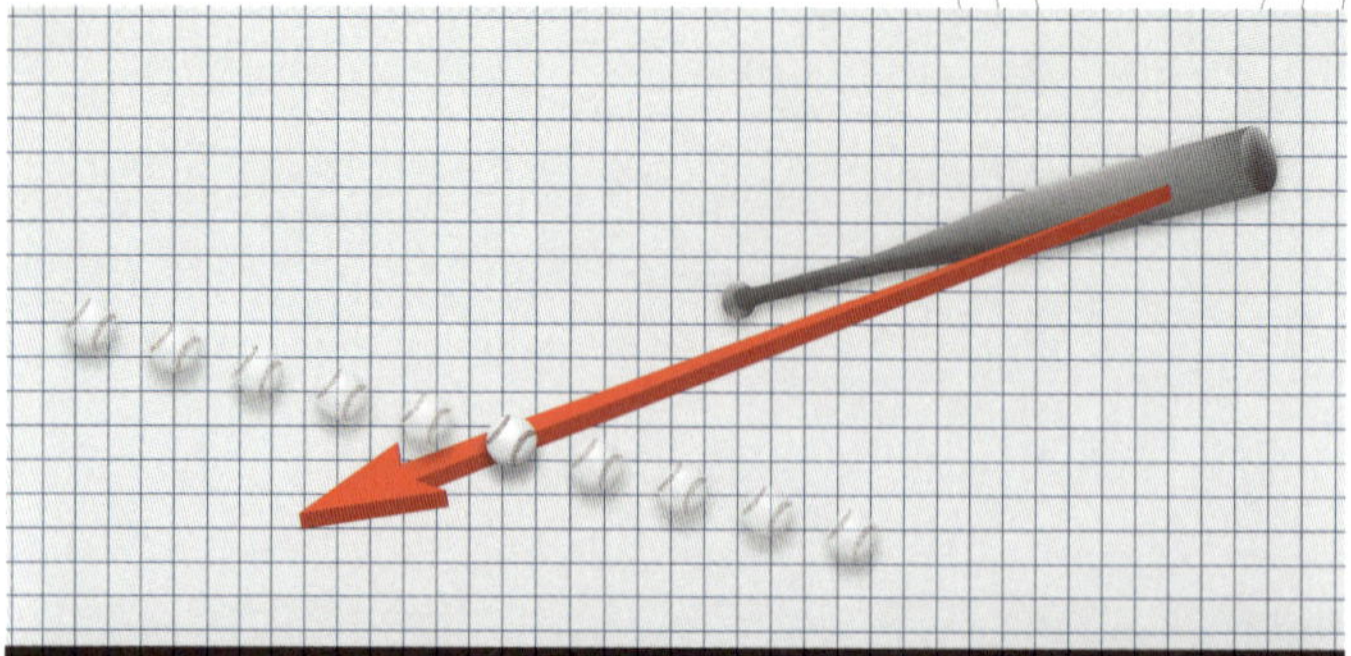

昔ながらの指導で「最短距離で振れ」と言われると上から振り下ろすダウンスイングになる傾向にある。これではバットは加速しないし、ポイントも1点になりミートが難しい。

レベルスイング

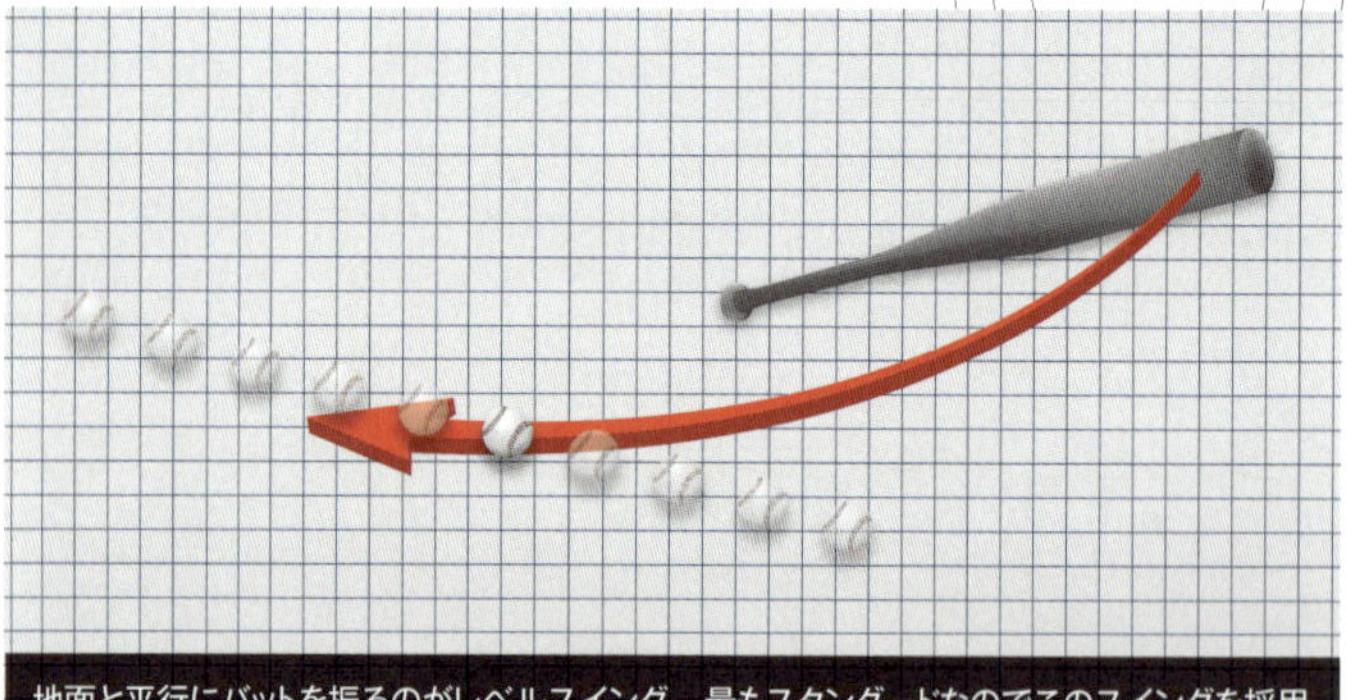

地面と平行にバットを振るのがレベルスイング。最もスタンダードなのでこのスイングを採用している打者は多い。「ややアッパー」より軌道が短くなるのでスピードは落ちる。

唯一、線でとらえられるややアッパースイング

人間が投げる力の範囲であれば、ボールはどんなに速くてもホームベース上では下降軌道になる。そのボールに対して、出てくるバットの角度によって、スイングの呼び名が異なる。

　上から振り下ろす「ダウンスイング」はボールを点でしかとらえられない。地面と平行に振る「レベルスイング」も、ほとんど点に近い。

　そして、ボールに対してレベルスイングで振り抜く「ややアッパースイング」が、唯一ボールを線でとらえることができる。言うほど簡単ではないが、前ページの並進軌道と、このややアッパースイングができるようになれば、ボールを線でとらえることができ、ミート率が格段に上げるだろう。

“やや”アッパースイング（ボールに対してレベルスイング）

最もスイングスピードが上がるのが、この「ややアッパースイング」。アッパーというと振り上げるイメージだが、正確には「ボールに対してレベルスイング」だ。ボールは落ちてくるものなので、このスイングであればボールを線でとらえることができる。

Swing Check ▸▸▸

150kmを超えるストレートでも本塁へ到達することには軌道は沈むので、
ややアッパー気味に振ることでボールを線でとらえることができる。

ボールに対して
レベルスイングで
振り抜こう。

上達のコツ
the keys to success

▼バットの軌道とカラダの回転

バットの軌道とカラダの回転の関係を好打者のスイングで確認しよう

前足をステップしながらバットを
引いてトップをつくる

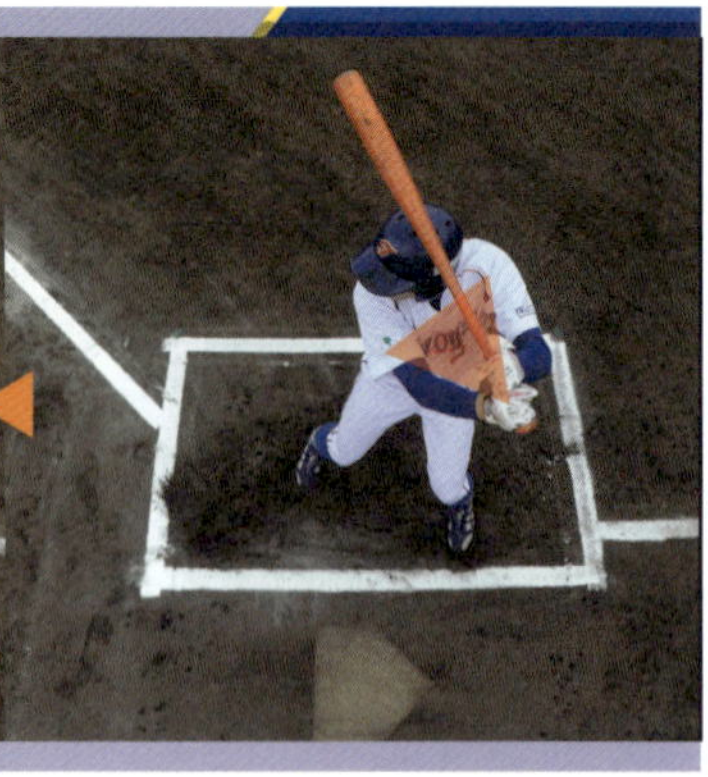

オープンスタンスで胸の前に
三角形をつくってかまえる

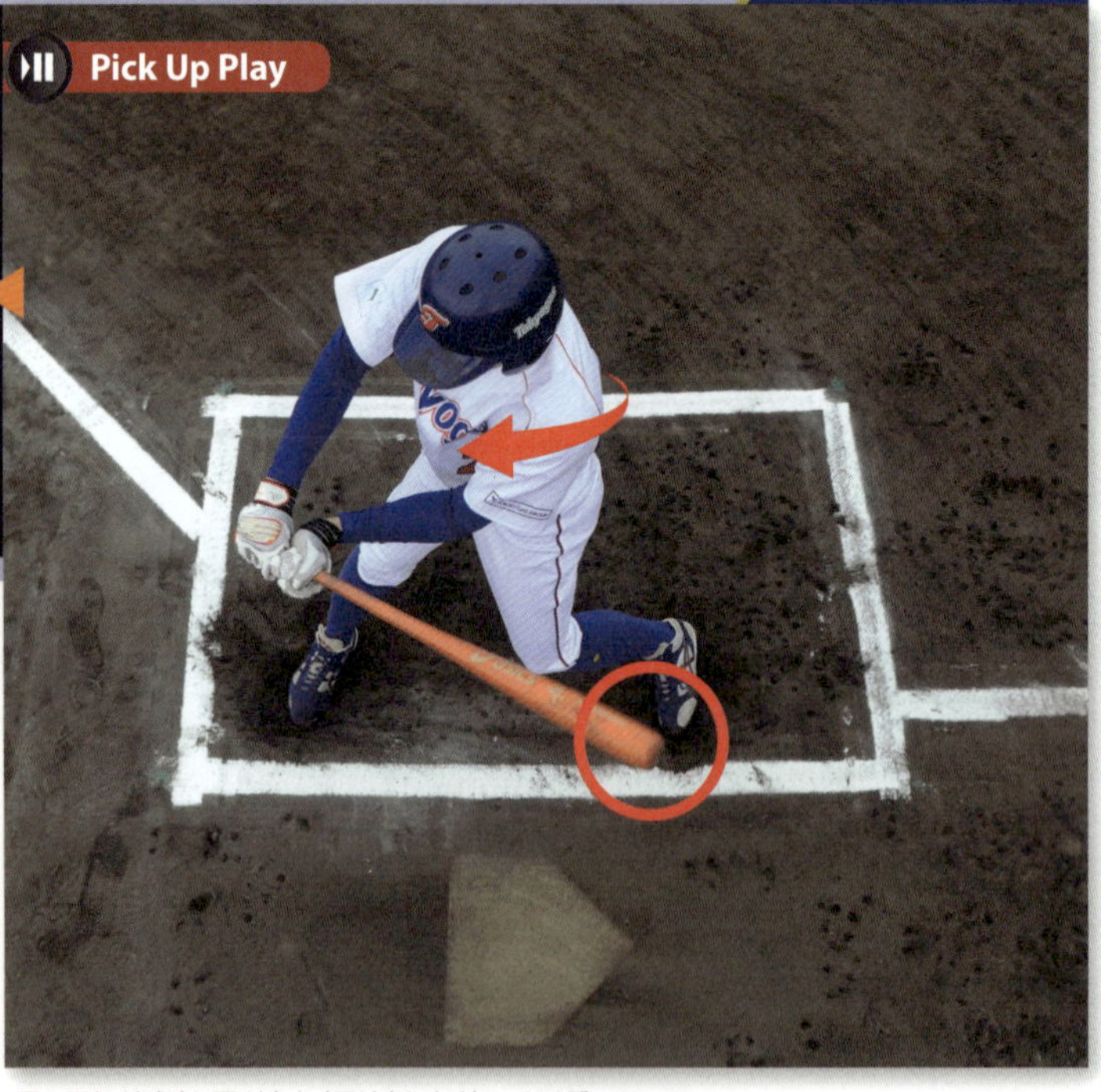

腰の回転が減速し肩が大きく回り出したがヘッドは残っている

PLAYER'S COMMENT

アベレージヒッタータイプ ▸

後ろ腕のヒジの使い方に一番意識を向けています。自分の感覚としては、前のワキが開いていても、後ろ腕のヒジがおヘソの前を通るよう使えれば、前のワキは自然とたたまれ、ヘッドも走るので問題ないと考えています。

グリップが下がり振り出される
瞬間のカラダはまだ閉じている

振り出しと連動して腰が回転を
はじめるが肩はまだ閉じている

前足のカベが腰を止めグリップ
を支点にヘッドが走りだした

インパクト時にようやくヘッドが
前に出てくる

スムーズにバットが振れれば自
然に後ろの手が返る

肩の回転が腰の回転を完全に
追い越しフォロースルーになる

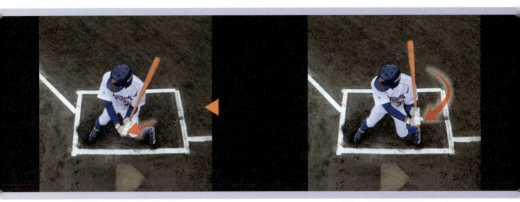

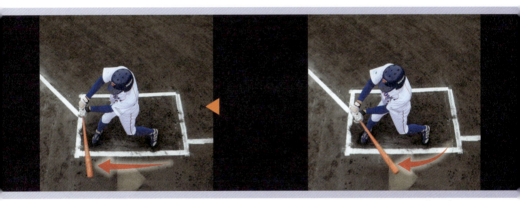

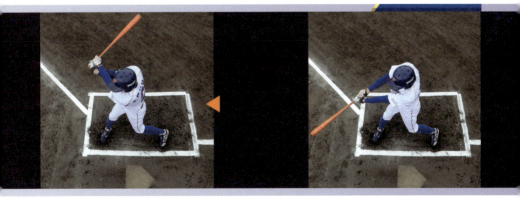

ココが弱点

スイングスピードが遅く飛距離が出ない。

なぜ、スイングスピードが上がらないのか？

考えられる原因

- 手打ちになっているから。
- カラダを開くのが速いから。
- バットヘッドを残したスイングができていないから。

解決方法

練習法①

ネット前素振りで
バットの軌道を修正する。

▶▶▶ P.125へGO!

練習法②

後ろからティで
カラダの開きを抑える。

▶▶▶ P.126へGO!

練習法③

横からトスで
バットの使い方を確認する。

▶▶▶ P.127へGO!

これで克服

▼スイングスピード上げる練習法①

ネット前素振り

1 しっかりとトップをつくる

2 グリップエンドから振り出す

3 ヘッドが最後に遅れて出てくる

4 フォロースルーでは自然に手首が返る

狙い

カラダの50cm前にネットを置き、バットヘッドが当たらないように素振りをすることで、ヘッドが残るインサイドアウトの軌道が身につく。

やり方

❶ カラダから約50cm離してネットを置く
❷ 最初はネットに当たらない軌道を確認
❸ ゆっくりとその軌道で何度かスイングする
❹ 徐々にスピードを上げて素振りをおこなう

これで克服

後ろからティ

▼スイングスピード上げる練習法②

1 タイミングを合わせて足を上げる

2 カラダを開かずに前足ステップ

3 インパクト時にカラダは開く

4 最後までカラダを回転させフォロースルー

狙い

ボールを後ろから投げることで、カラダの開きをギリギリまで抑えてスイングする意識を植え付けさせる。

やり方

❶ キャッチャー方向からボールを投げる
❷ バッターはタイミングを合わせてセンター方向に打つ

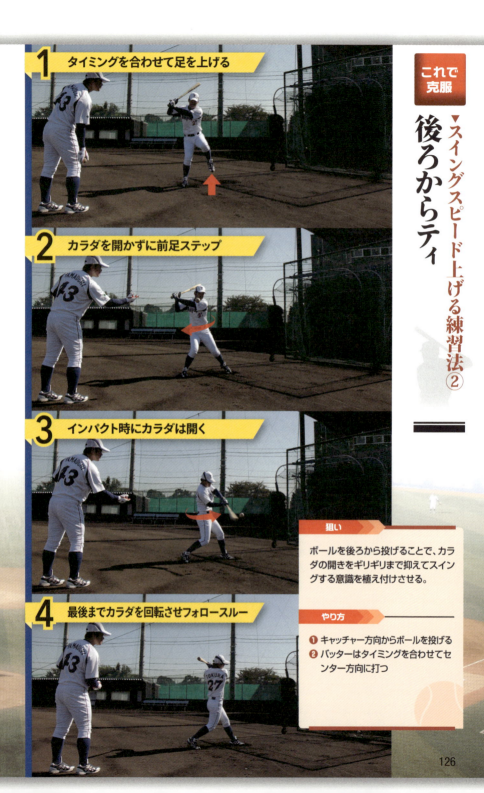

これで克服

▼スイングスピード上げる練習法③

横からトス

1 本塁を挟んで反対側から投げる

2 グリップエンドから振り出す

3 打球を相手に返すように打つ

4 かるく打ち返せればOK

狙い

横からトスをしたボールを相手にかるく打ち返すことで、後ろの腕のヒジがおヘソの前を通る正しい腕の使い方が身につく。

やり方

❶ バッターの胸側からボールを投げる
❷ バッターは相手にかるく打ち返す

ココが弱点

ミートはできているが、どうしても打球が飛ばない。

なぜ、遠くへ飛ばないのか？

考えられる原因

- 前のワキが開いているから。
- 後ろの腕が伸びているから。
- 体重移動ができていないから。

解決方法

練習法①

ライトノックでワキの開き具合を修正する。

▶▶▶ P.129へGO!

練習法②

レフトとセカンドへのノックで腕の使い方を確認する。

▶▶▶ P.130へGO!

練習法③

前後への体重移動で後ろ足に体重を乗せる感覚をつかむ。

▶▶▶ P.131へGO!

これで克服

▼遠くへ飛ばすための練習法①

ライトノック

狙い

前のワキが開いていてはライト方向へ強い打球を打つことはできないので、ライトノックでワキを閉じるフォームを意識させる。

やり方

❶ ライト方向へ強いノックを打つ
❷ 腕の使い方を意識する

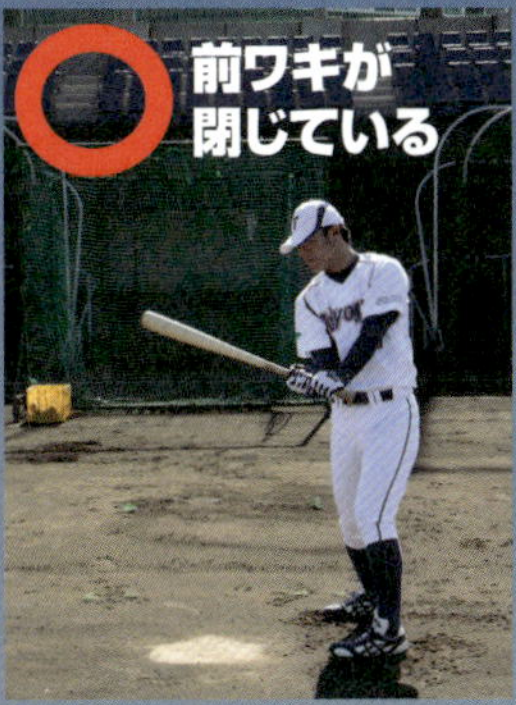

これで克服

▼遠くへ飛ばすための練習法②

レフトにはフライを、セカンドにはライナーを

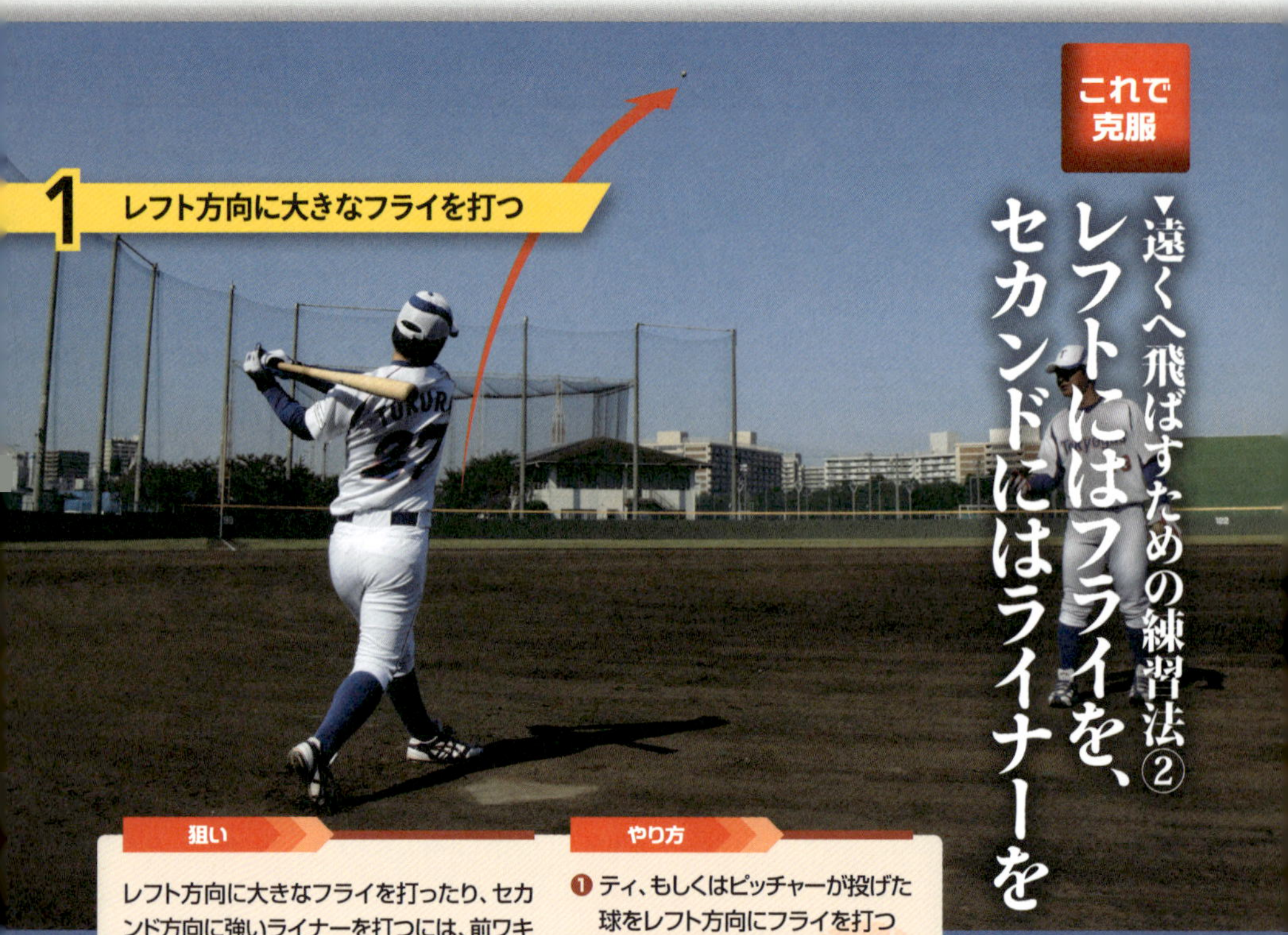

1 レフト方向に大きなフライを打つ

狙い

レフト方向に大きなフライを打ったり、セカンド方向に強いライナーを打つには、前ワキを閉じて後ろ腕をおヘソの前を通すインサイドアウトの軌道でバットを出す必要がある。

やり方

❶ ティ、もしくはピッチャーが投げた球をレフト方向にフライを打つ
❷ 次はセカンド方向にライナーか強いゴロを打つ

2 セカンド方向にライナーや強いゴロを打つ

セカンド方向に集球ネットを配置し、2チームに分けてどちらが先にピッチャーが投げた球をネットに入れられるかを競うと楽しみながら練習ができる。（左バッターではショート方向に置く）

これで克服

▼遠くへ飛ばすための練習法③

前、後ろで体重移動

1 後ろ足に体重を乗せてからスイング ▶▶▶ 力強く振れない

2 前足→後ろ足に体重を乗せてからスイング ▶▶▶ 力強く振れる!!

かまえの姿勢から前足に体重を乗せる

前足から勢い良く後ろ足に体重を乗せる

体重移動の反動を利用して力強くスイング

狙い

体重移動をしっかりとおこなったほうが強いスイングができるということを確認するための練習。

やり方

❶ がに股になり後ろ足に体重を乗せてからスイング
❷ 次はがに股のまま前足に体重を乗せる
❸ そのままの姿勢で後ろに体重を乗せてからスイング

試合前にもう一度

ココだけはチェック

打球を遠くへ飛ばすには、安定した下半身からカラダを効率良く回転させてヘッドの走った鋭いスイングをすることが求められる。このようなカラダの使い方ができれば、腕力のない人や小柄な人でも十分にホームランが打てる。打球を飛ばすのは腕力ではなく技術なのだ。

▸ Check Point

ゾーンを９分割できているか？

打席ではストライクゾーンを９分割にしたイメージを持ち、コースに対応したスイングをすることが理想だ。そのためには、普段の素振り練習などから９分割のストライクゾーンをイメージしておきたい。

▸ Check Point

自分だけの準備動作を身につけたか？

ピッチャーの動作にタイミングを合わせることは大切なポイントのひとつ。ピッチャーがグラブを胸の前でかまえたとき、足をあげるとき、リリースするとき、それぞれのタイミングで自分がしておくべき動作を今一度確認しよう。

▸ Check Point

上半身を我慢できているか？

上半身を我慢させるとは、肩の回転を腰の回転よりも遅らせてカラダの開きを抑えること。これができればバットヘッドが遅れて出る理想的なスイングになる。速い球に対応しようとすると我慢できずに肩の回転も早くなりがちだが、できる限り自分のスイングをするように心がけよう。

▸ Check Point

ボールに対してレベルスイングができているか？

バッティングには「最短距離で振れ！」という指導者もいるが、最短距離で向かうようなダウンスイングではボールを点でしか捉えられない。150kmのストレートでも本壘へは下降軌道で到達するので、このボールの軌道に対して少しでもミートポイントを長く保つには、ボールに対してレベルスイングすることが大切だ。

コラム5

バットを使い分けて技術を磨く

腕の動きを身につけたいときには試合時に使うものよりも軽いバットを使った方が良い。バットの重さに影響されずに正しい腕の使い方が身につけられるからだ。一方、下半身の動きを身につけたいときは重いバットが良い。重いバットは腰をしっかり回さなければならないからだ。つまり、目的によってバットを使い分けてトレーニングすることが上達への近道だ。

また、打席前にマスコットバットを振っても、その打席でスイングスピードが増すことはない。バットを軽く感じられる程度のメリットはあるが、バットの重さが極端に変われば、スイングに動員される筋肉も変わるので、スイングの質を向上させるのに効果的とは言えない。

PART 5

得点につながる走塁

内野ゴロを内野安打に、シングルヒットをツーベースにできる走力は、腕力を武器にするパワーヒッターと同等の、ときにはそれ以上の武器になる。ここではひとつでも先の塁を目指す得点につながる走塁を解説する。

ひとつでも先の塁を狙う意識で得点につながる走塁をしよう!!

1 速く走るフォーム

▶▶▶ P.138へGO!

すばやく加速するには前傾姿勢のまま走り出し、広めの足幅から徐々に狭めていくのが理想。

2 一塁までの走り方

▶▶▶ P.140へGO!

打球を目で追って、一塁を駆け抜けるのか二塁を狙うのかを判断し、それに合ったコース取りをする。

5 帰塁

▶▶▶ P.146へGO!

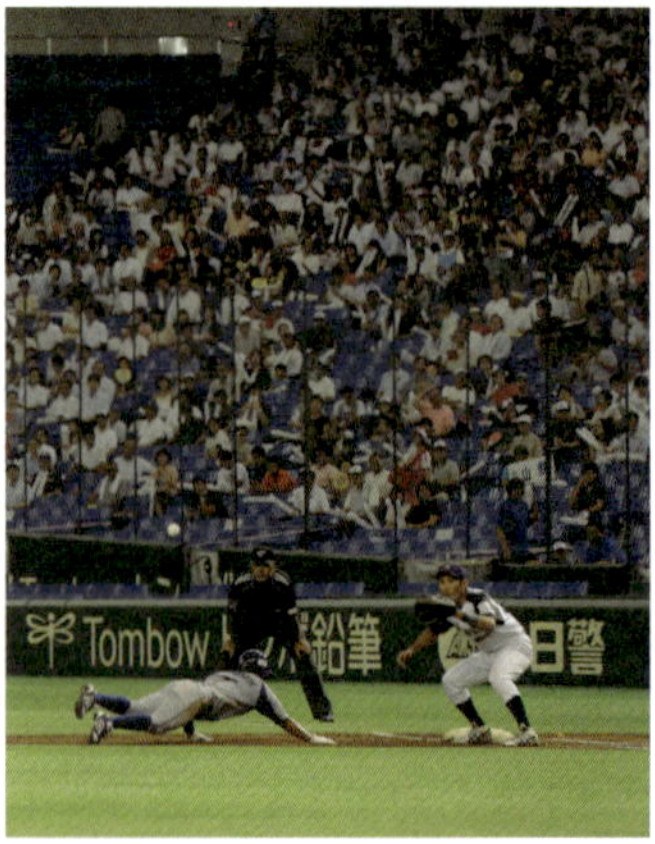

帰塁の方法はいくつかあるが、遠い距離から速く戻れるのはヘッドスライディング。

6 下半身の使い方

▶▶▶ P.148へGO!

進みたい方のヒザを柔らかく使い、スムーズに動き出せるように。

ベースランニング 3

P.142へGO!

ひとつでも先の塁を目指すことは大切なこと。できるだけ膨らみを抑えて、ベースで加速するような走り方を身につけたい。

リード 4

P.144へGO!

一次リードでは自分が戻れる距離をつかみ、リリース後の二次リードでは常に次の塁を狙う姿勢を見せる。

盗塁 7

P.150へGO!

リードからすばやいスタートを切るには重心位置を動かすことが大切。カラダ重心を右足の外側に出す感覚を身につけよう。

スライディング 8

P.152へGO!

スライディングのやり方には、安全のためにお尻で滑る方法（小学生に推奨）や、ベース直前の最小限の距離を滑る方法などがある。

▼速く走るフォーム

足幅をやや広めに開き前傾姿勢で走り出す

正しいスタートダッシュの姿勢

1 足幅はやや広めにして足の筋肉を効果的に使う

POINT

前傾姿勢に沿って斜め後ろに出す

踏み出す足は真下ではなく、前傾姿勢に沿って斜め後ろに出すイメージ。

足幅は徐々に狭める

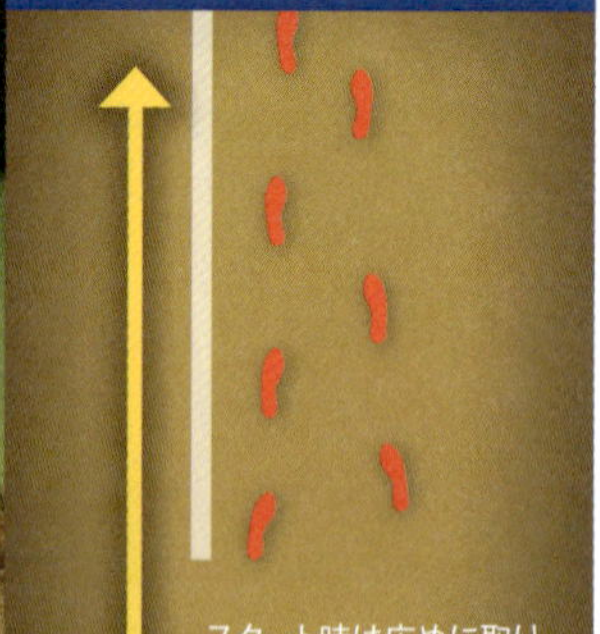

スタート時は広めに取り、加速とともに狭くしていく

短い塁間ではスタートダッシュが重要になる

ぼてぼての内野ゴロでも、足が速ければセーフになる。内野安打は立派なヒットであり、それができるバッターは相手にとって脅威になる。

塁間は約27m（少年野球は約23m）であり、トップスピードになったころには塁に到達してしまう。そのためスタートダッシュがより重要になる。すばやく走り出すポイントはふたつ。

ひとつは、最初の数歩の両足の幅を広めに取り、徐々に狭めていくこと。広く取ったほうが下半身全体の筋肉を使ってすばやくトップスピードに近づける。

もうひとつは、スピードに乗るまでは前傾姿勢を保つこと。そして足を下ではなく、前傾姿勢に沿って斜め後ろに踏み出す意識で足を蹴ることだ。

3 カラダを1本の棒にして
前傾姿勢をキープ
2 前傾姿勢に沿って
足も下ろし反力を得る

前傾姿勢のまま
斜め後ろに
足を蹴り出す。

上達のコツ
the keys to success

▼一塁までの走り方

駆け抜けるか否かは打球を確認して判断

ファウルグラウンドへ
駆け抜ける!!
左足でベースの右側を
踏むのが理想的
一塁手と交錯しないように
ベースの右端を左足で踏む
打球を確認して
2塁を目指すかを判断
内野ゴロだったら打球を目で
追わず全力疾走でもOK

打球によって一塁への走り方は変わる

一塁までの走り方は二種類ある。内野ゴロなどの場合は、スリーフットレーン内を走る。フェアグラウンドを走ると、野手の送球が当たったら守備妨害でアウトになる。また一塁を駆け抜けた後、フェアグラウンドにいるとタッチされた場合もアウトになってしまうので、必ずファウルグラウンドへ抜けること。

次に、打球が外野に飛んだ場合は、膨らむように走り一塁ベースの内側を蹴り加速するように回る。このときは打球を目で追い、二塁へ行くべきかを判断する。常にひとつ先の塁を目指すことはランナーにとって大切なことだが、次のバッターや点差、守備の肩などによって最善の選択は常に変わるので、試合状況を客観視できる目も養おう。

オーバーラン

一度膨らんでから
2塁を目指して走る!!
ベースの内側を踏み
外への膨らみを抑える
一度膨らみ勢いをつけてから
ベースの内側を踏んで行く
打球を確認して
2塁を目指すかを判断
外野へ抜けるような打球なら
ある程度目で追い判断する

常にひとつ先の塁を狙う気持ちを持っていよう。

上達のコツ
the keys to success

ベースランニングのコース

▼ベースランニング

重心を内側に置いて左足でベースを踏む

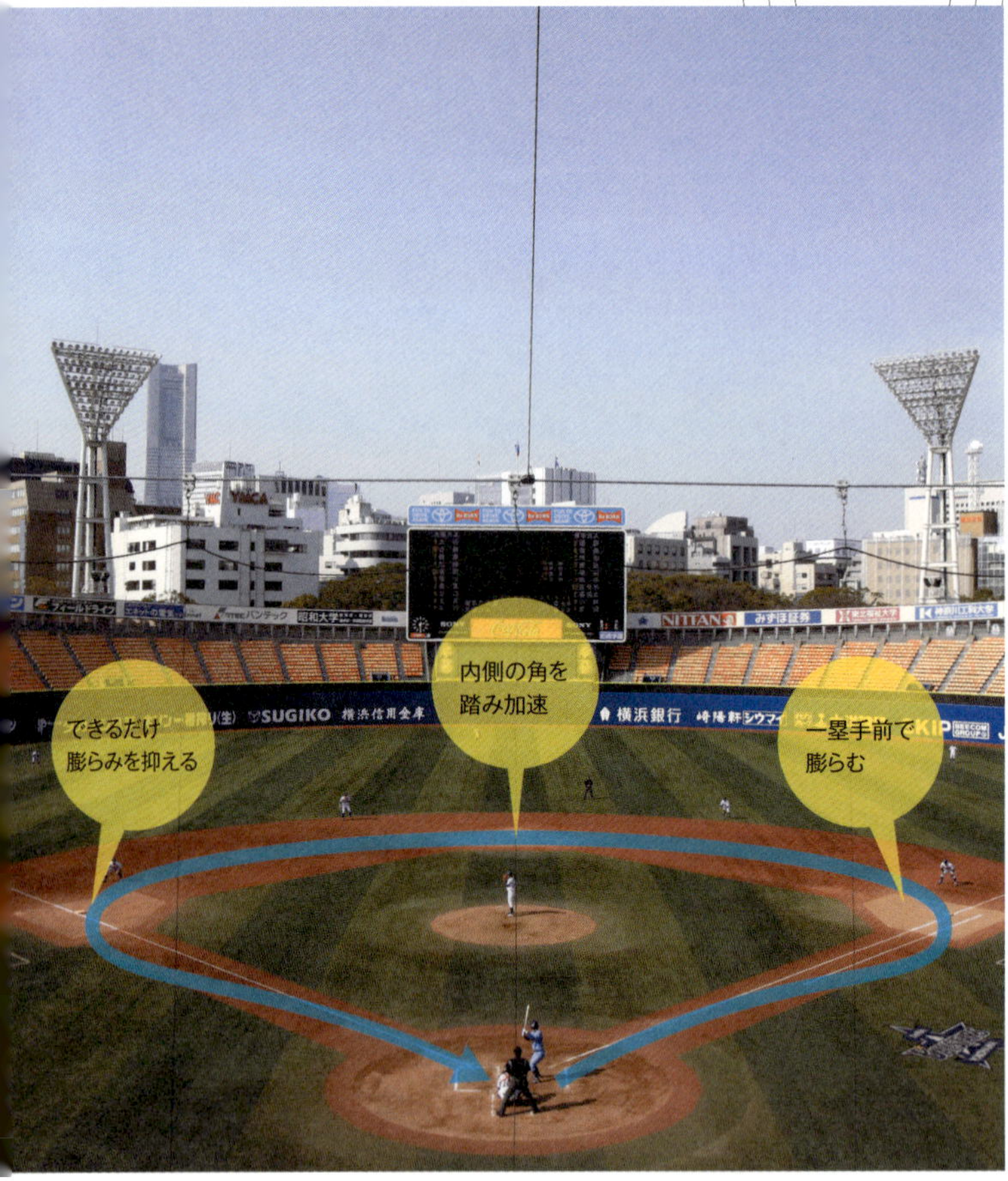
できるだけ膨らみを抑える
内側の角を踏み加速
一塁手前で膨らむ

ベースランニング１周のタイムはプロ選手の速い人で 13 ～ 14 秒前半。タイムを上げるには膨らみを抑える走りが不可欠だ

カラダの重心位置をベースの内側に置く

ベースランニングがうまい選手は塁を回った後に大きく膨らまない。これは良く聞くことだが、さらにうまい選手は、ベースを踏むときに加速していると言う。正確に言えば、塁を回るときに減速することなく、直線のスピードを維持できている。並の選手であれば、多少減速するので、スピードが落ちないと逆に加速しているように見えるのかもしれない。

この走り方をするには、カラダの重心をベースの内側に置くことが大切になる。つまり重心のあるおヘソをベースよりも内側にくるまでカラダを倒して回るのだ。そして左足でベースを踏む。この傾斜はスピードが出ていないとできないし、これができれば減速せずに回れる。

ベースで加速する走り方

カラダの重心がベースの内側に来るようにカラダを
思い切り内側に倒しベースを左足で踏む

できるだけ
カラダを斜めに
倒して走る

上達のコツ
the keys to success

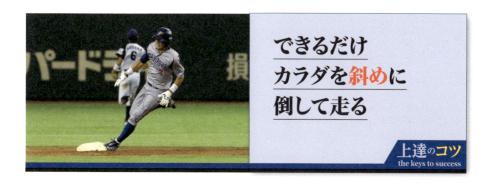

▼リード

目立たないプレーだが、進塁を助ける二次リード

一次リードと二次リード

確実な二次リードが進塁の可能性を広げる

一次リードはピッチャーがボールを投げるまでにおこなうリード。一般的には自分の歩幅5歩分程度とされているが、頭から戻るヘッドスライディングがうまい選手は半歩程度出ても良いだろう。この一次リードでは、自分がすぐに戻れる距離を把握して、そのギリギリのラインまで出るようにしたい。

二次リードは、ピッチャーが投げたボールがキャッチャーミットに入るまでに一次リードからもう一歩勢い良くダッシュするリード。このリードでピッチャーに揺さぶりをかけることができるし、ちょっとしたキャッチミスなどで進塁できる可能性もある。しかしバッターが打たなかった場合はすぐに帰塁しなければならない。

二次リードの擬似盗塁でピッチャーを揺さぶる。

上達のコツ
the keys to success

POINT

必ず二次リードまでおこなう

ピッチャーのリリース後の二次リードは毎回欠かさずおこなうこと。

一次リード

けん制球が来ても戻れる自分の歩幅でリードする。リードをするときはピッチャーから目を離さず低い姿勢ですぐに戻れるようにしておこう。

二次リード

ピッチャーが投げた瞬間に1,2歩さらにリード。フェアグラウンドに転がればそのまま二塁を目指すが、バッターが振らなければすぐに戻る。二次リードは擬似盗塁にもなるのでピッチャーを揺さぶることができる。

ヘッドスライディングでの帰塁方法

1 体重を両足にバランス良くかけておく

4 右足で地面を蹴り勢い良くヘッドスライディング

▼帰塁

遠い距離から最も速く戻るなら ヘッドスライディングが良い

遠くから速く戻れる ヘッドスライディング

一塁への帰塁は三種類ある。写真では最も遠くから速く戻れるヘッドスライディングを紹介している。このメリットは何よりも遠くから速く戻れること。2の写真にもあるように、リードした地点から足を入れ替え一気にスライディングで戻る。これには強く足を踏み込む脚力と技術を要するが、習得できればリードを大きく取れてピッチャーに大きなプレッシャーを与えられる。

ほかには、左足で戻る方法と右足で戻る方法がある。左足で戻ればカラダが投手方向を向くので送球を確認できるメリットがある。右足で戻ればタッチを避けるように戻れるというメリットがあるが、ともに帰塁には時間がかかる。

2 左ヒザを曲げて重心を落としていく

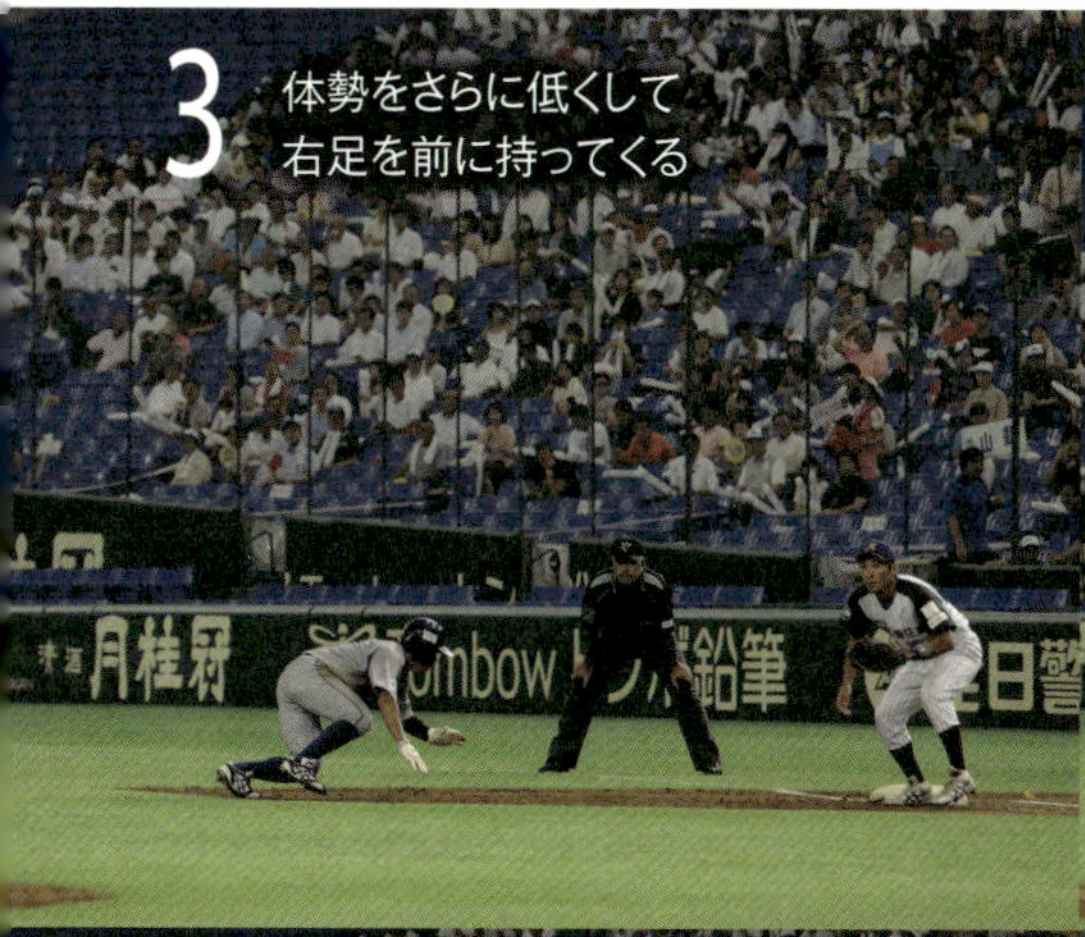

3 体勢をさらに低くして右足を前に持ってくる

5 スライディングというより飛んで戻るイメージ

6 右手でベースのライト側の角をタッチする

普段の練習から
戻れる歩幅を
認識しておこう。

上達のコツ
the keys to success

一次リード

▼下半身の使い方

進みたい方向のヒザを曲げて ムダのない動作ですばやく動き出す

POINT
低い姿勢から
ヒザを曲げる
ヒザを曲げていくことで
重心が足の外にでるので
スムーズに動き出せる。
左足 ： 右足
5 ： 5
一次リードではどちらにもすばやく
動けるように両足にバランス良く
体重をかけておく

倒れそうになるまで ヒザを深く曲げる

ここではリードの姿勢から横に向かってすばやくスタートを切る方法を解説する。

横向きにすばやくスタートを切るにはヒザの使い方が重要になる。右上の写真のように、一般的に一次リードでは両足のヒザにバランス良く荷重している。ここから、すばやく動きたい方の足に荷重をして、カラダが倒れそうになる力を利用しながら逆足をクロスステップさせる。

ピッチャーがけん制をしてきた場合は、左足に荷重をして、右足でクロスステップしながらヘッドスライディングに切り替える。上半身から動くのではなく、下半身の動きに上半身が付いてくるようなカラダの使い方が、すばやく横にスタートを切るときには有効になる。

帰塁

左足 ： 右足

7 ： 3

けん制を察知して帰塁するときは重心を下げ左足に体重をかけてから右足を前に出してすばやくヘッドスライディングで戻る

二次リード

左足 ： 右足

3 ： 7

右足に体重をかけていき、ピッチャーのリリースの瞬間に二次リードを取り、インパクトの瞬間にさらに進むか戻るのかを判断する

ヒザを柔らかく使い
低い姿勢から
動き出す。

上達のコツ
the keys to success

▼盗塁

カラダが倒れそうになる勢いを利用してスタートダッシュ

最初の3歩から速く走る

クセを見抜いて最高のスタートを切る

盗塁のスタートダッシュも基本的には前ページと同じ。右足を深く曲げて荷重し、重心が右足の外側に出るタイミングで左足をクロスステップする。こうすることで、カラダが倒れそうになる力を利用してすばやくスタートダッシュが切れる。

ただし盗塁の成否は、足の速さだけではなく、ピッチャーとの駆け引きやクセを読む力なども必要になる。投球時とけん制時の動作の違い（クセ）を見抜けたら、それが一番の成功の秘訣になる。ピッチャーとの駆け引きでは、最初は短い距離でリードをして、けん制をもらうことで少しずつリードの幅を広げていき、ギリギリまでリードを広げてから盗塁をするという手段もある。

重心の移動から足を出す感覚を身につけよう。

上達のコツ
the keys to success

POINT

重心を右足の外に出す

そのままいけば倒れるぐらいにヒザを曲げてから一気にスタートを切る。

3 体勢を低くしたまま足を前に出す

2 重心が足の外側にでるほど右足のヒザを曲げる

1 両足にバランス良く体重をかけて低い姿勢でかまえる

▼スライディング

ベースギリギリまで走り切り最小限の距離で一気に滑る

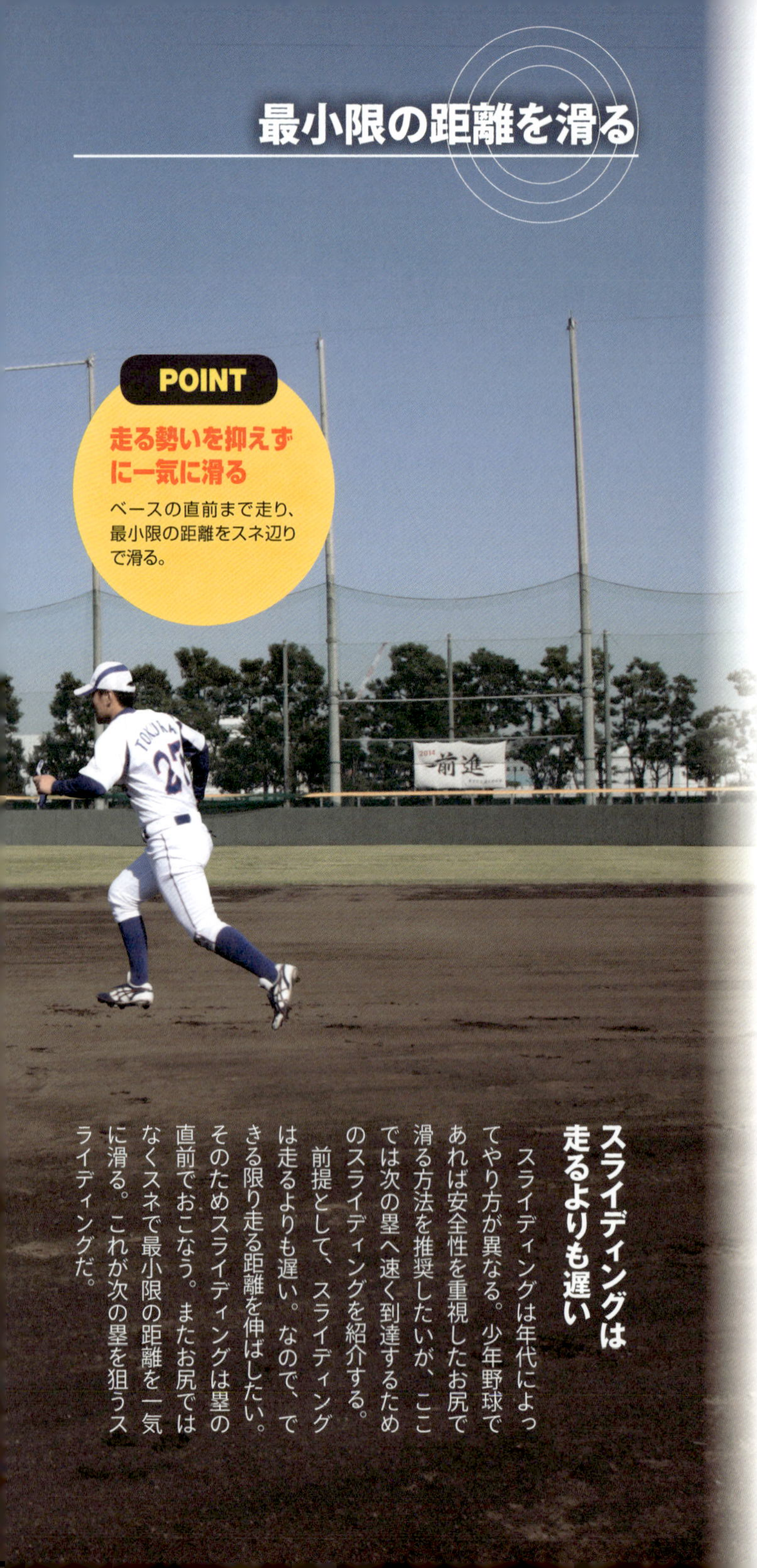

最小限の距離を滑る

POINT

走る勢いを抑えずに一気に滑る

ベースの直前まで走り、最小限の距離をスネ辺りで滑る。

スライディングは走るよりも遅い

スライディングは年代によってやり方が異なる。少年野球であれば安全性を重視したお尻で滑る方法を推奨したいが、ここでは次の塁へ速く到達するためのスライディングを紹介する。

前提として、スライディングは走るよりも遅い。なので、できる限り走る距離を伸ばしたい。そのためスライディングは塁の直前でおこなう。またお尻ではなくスネで最小限の距離を一気に滑る。これが次の塁を狙うスライディングだ。

○ ベースからの距離が近い

スライディングはスピードが落ちるのでギリギリまで走った方が良い

左手にグローブを持つことで手が地面につかずケガ防止になる

× ベースからの距離が遠い

スライディングの距離が長くなると走るよりもベース到達が遅くなる

手をついて滑るとケガをする原因になるので注意しよう

滑りはじめる

距離感をつかもう。

上達のコツ

the keys to success

試合前にもう一度

ココだけはチェック

ホームランを量産できる長距離打者が重宝されるように、足の速い選手もまたチームには欠かせない存在だ。相手チームにスキがあれば、すかさず次の塁を目指す。この積み重ねで獲得した1点は、場合によってはホームランで得た1点よりも相手チームに大きなダメージになる。

▶ Check Point

ベースで加速できているか?

ツーベース止まりか、スリーベースまで行けるかは、二塁の周り方がポイント。ここで重心がベースの内側にくるまでカラダを傾け、左足でベースを踏んでさらに加速させる。この感覚をつかめれば試合でも大きな武器になる。

▶ Check Point

帰塁できる距離を把握しているか?

リードは帰塁できるギリギリの距離まで取ることが鉄則。そのためには自分がヘッドスライディングで戻れる距離を、相手ピッチャーのけん制の良し悪しを加味した上で把握しておく必要がある。

▸ **Check Point**

スタートからスムーズに加速できているか？

試合前のアップで、リードの姿勢から右足の重心を抜きすばやくスタートする練習をすると良い。右足のヒザを曲げてカラダが倒れる手前で左足を前に出して華麗なスタートダッシュを決めよう。

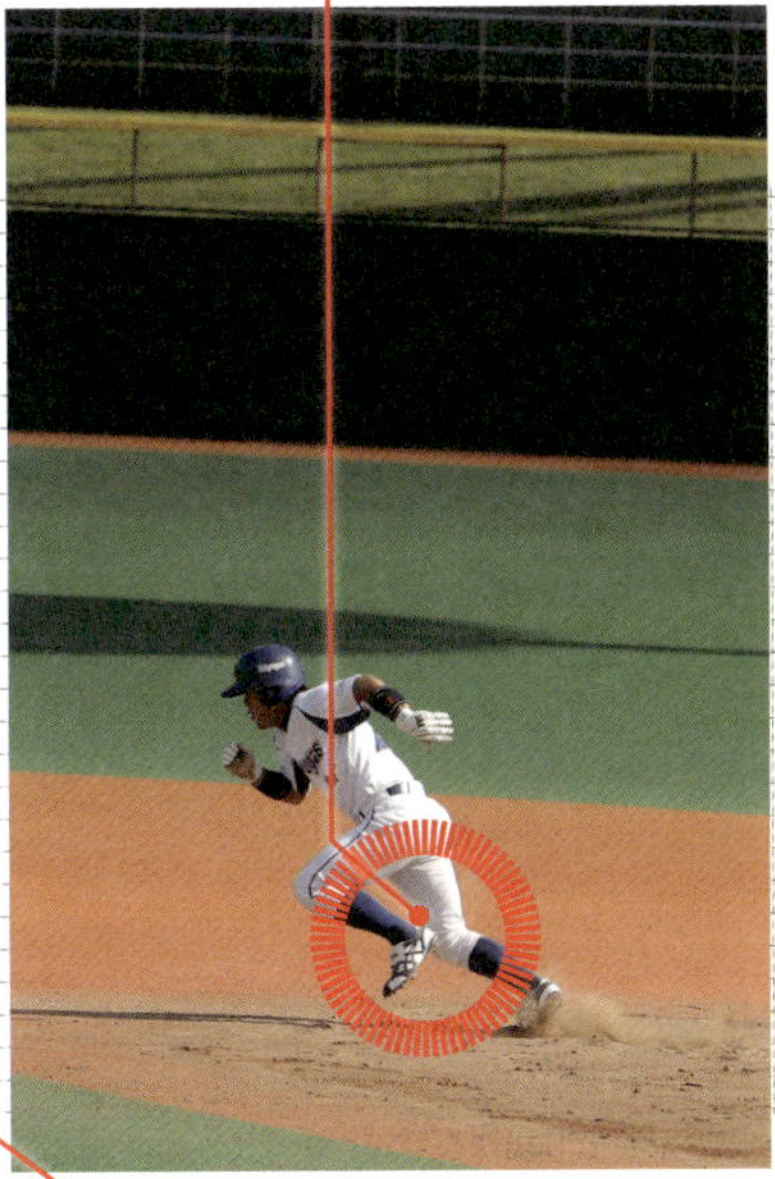

▸ **Check Point**

スライディングをする地点を把握しているか？

スライディングよりも走った方が移動速度は速いので、ギリギリまで走り直前でスライディングする方が望ましい。そのためには自分がベースからどのくらい手前でスライディングをすれば良いのか把握しておこう。

コラム 6

悪いクセを直すことは一苦労

たとえば腕を曲げるとき、脳は、「上腕二頭筋と上腕三頭筋を動かせ」ではなく「腕を曲げろ」と司令を出す。つまり、筋肉ごとではなく、動作ごとに司令を出している。

そのため、「動き」と「筋肉」の関係性が正確な人、つまり、どの動きにはどの筋肉が使われるべきかという神経回路が子どもの頃に養われている人ほど的確に動かせる。無意識的に動かせるとも言える。これは悪いクセでも同じ。悪いクセのスイング動作の神経回路が発達してしまった人は、スイングする度に無意識的にその筋肉(クセ)も動いてしまうのだ。これを直すのには意識的に何度も繰り返し、神経回路を上書きするしかなく、とても時間がかかる。

PART 6

打撃力を上げる自重体幹トレーニング

回転運動の質を高めるには軸の強化は欠かせない。コマにしても、車のホイールにしても、回るものには軸がある。バッティングもカラダの軸を強化することで腰や肩が鋭く回り、バットがさらに加速する。

野球における体幹の重要性

自重体幹トレーニングとは自分の体重を負荷にしておこなうトレーニングを指す。ダンベルなどの器具を使わず関節にも負担がかからなく、成長期の学生もおこなえる。ここでは体幹が野球にいかに重要なのかを解説しよう。

体幹の重要性 1

骨盤周りを鍛えてテイクバックを安定させる!!

カラダを安定させるには、上半身と下半身をつないでいる骨盤の安定が欠かせない。骨盤の周りにある腰やお尻、太ももの筋肉が骨盤を安定させることで、カラダそのものが安定するからだ。テイクバックやトップの動作も、骨盤を安定させることでカラダをぶらさずにおこなえる。とくにお尻にある中臀筋や大臀筋や太ももの大腿四頭筋は骨盤安定に大きく作用している。

骨盤を安定させる体幹力

お尻やもも、腰の筋肉で骨盤を支えることでテイクバックが安定する

体幹の重要性 2

ワキ腹の筋肉を鍛えてスイングスピードをUP!!

上半身のねじりがバッティングのパワーになることは本編で解説したが、そのねじりに作用する筋肉が、体側にある腹斜筋や背中側にある広背筋や脊柱起立筋。これらの筋肉は背骨を挟んで左右対にあるので左右をバランス良く鍛えることが重要だ。また、これらの筋肉はねじりで作用するだけではなく、カラダを安定させるためにも重要だ。

肩を開かずに腰が回転することで体幹がねじれて大きなスイングパワーになる

体幹の重要性 3

ブレのない走りで次の塁を目指す!!

走るときにも体幹の筋肉は大きく作用している。体幹が弱ければ左右にカラダがぶれ、すべての力を推進力に動員できない。

また、太ももと背骨をつなぎ太ももを引き上げる動作で作用する腸腰筋や、地面を強く踏み込む大臀筋は走力に直結する筋肉でもある。さらに体幹は腕や脚をつないでいるので、この体幹が安定することで腕や脚をしっかり振ることができる。

体幹がブレなければ腕や脚がしっかり振れてスムーズに走れる

TRAINING 01

自重トレ①

下半身トレーニングの定番

スクワット

目安と回数

10回×3セット

1 両足を肩幅より広げて胸の前で腕をクロス

腹筋に力を入れて反り腰にならないように

2 頭がヒザより前に出ないように真下に下ろす

ヒザが 90 度になるまでゆっくり曲げる

ヒザより前に頭がでないように注意

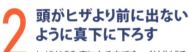

TRAINING 02

自重トレ②

バッターに大切な内転筋も鍛える

ワイドスクワット

1 両足をできるだけ大きく広げて腕はクロスさせる

肩幅の 2 倍程度は足を広げて立つ

2 頭が前に出ないようにゆっくり深く腰を落とす

目安はヒザが 90 度になるまで曲げる

POINT

できるだけ頭がヒザよりも前に出ないように

目安と回数

10回×3セット

お尻と太ももに効果的な ランジその場足入れ替え

1 ヒザを 90 度に曲げた姿勢からはじめる

両手も足に合わせてかまえる

2 その場ですばやく手と足を入れ替える

中腰の姿勢を保ったまま入れ替える

POINT

できるだけ頭の高さは一定に保つ

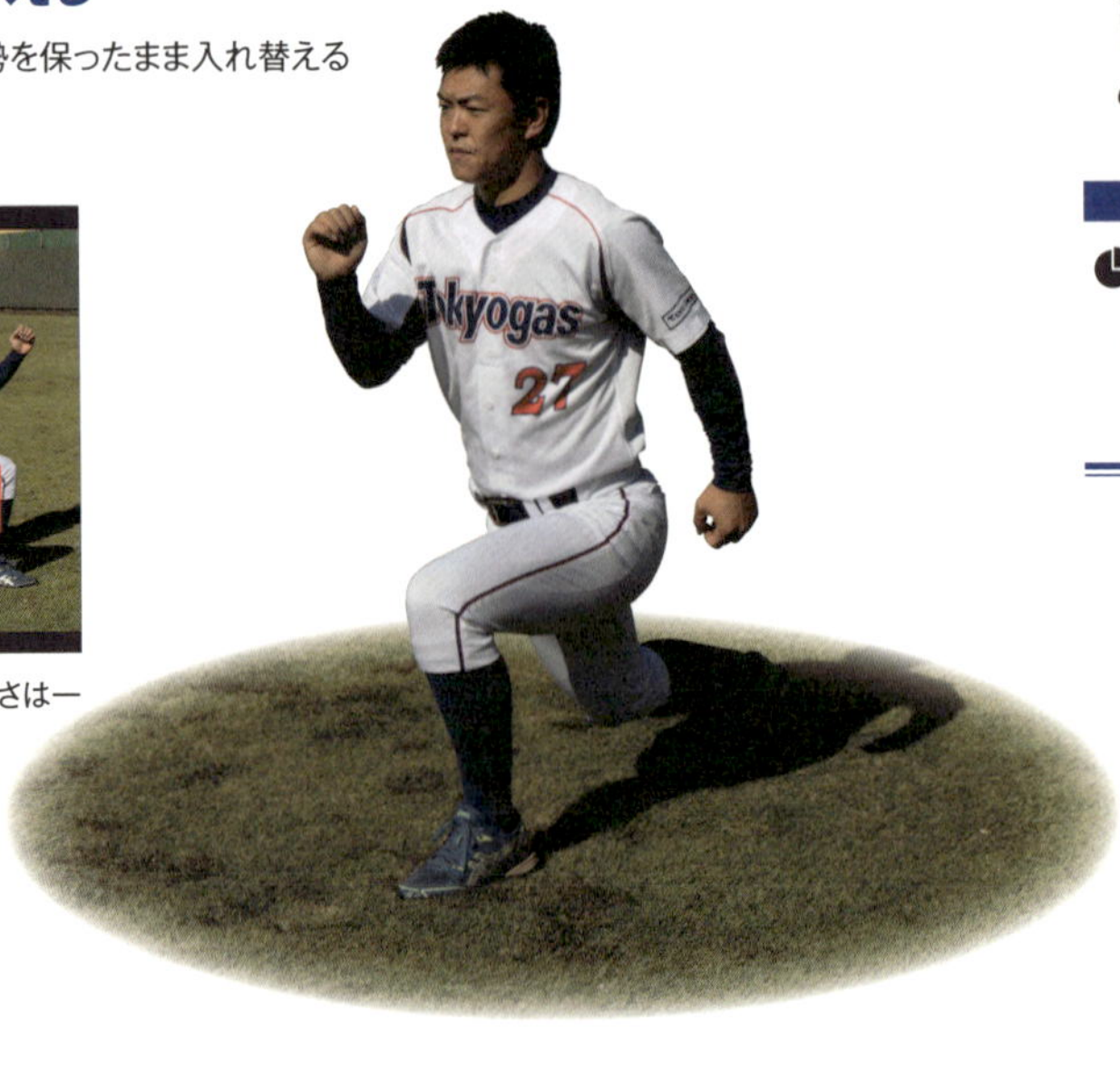

目安と回数

連続10回
×3セット

TRAINING 04

自重トレ④

股関節周りも鍛えられる 左右スライドランジ

目安と回数

左右10往復
×3セット

1 足を大きく広げて片足に体重をかける

腕は胸の前でクロスさせる

2 ヒザが 90 度になるまで曲げ交互に上体をスライドさせる

反動をつけずにゆっくりとスライドさせる

POINT

ヒザよりも頭が前に出ないように注意しよう

お尻を鍛えてテイクバックを安定させる

片足立ち足回し

1 カラダの軸を意識して片足で立つ

腕は胸の前でクロスさせる

2 ヒザを90度に曲げ前回しで連続10回

目線を前に向けてカラダを安定させる

POINT

軸がぶれないように注意しよう

目安と回数

左右連続10回ずつ
×3セット

TRAINING 06

自重トレ⑥

ぶれない軸をつくる 片足立ち振り子

1 胸の前で腕をクロスして片足を90度に曲げて上げる

カラダがぶれないように安定させて立つ

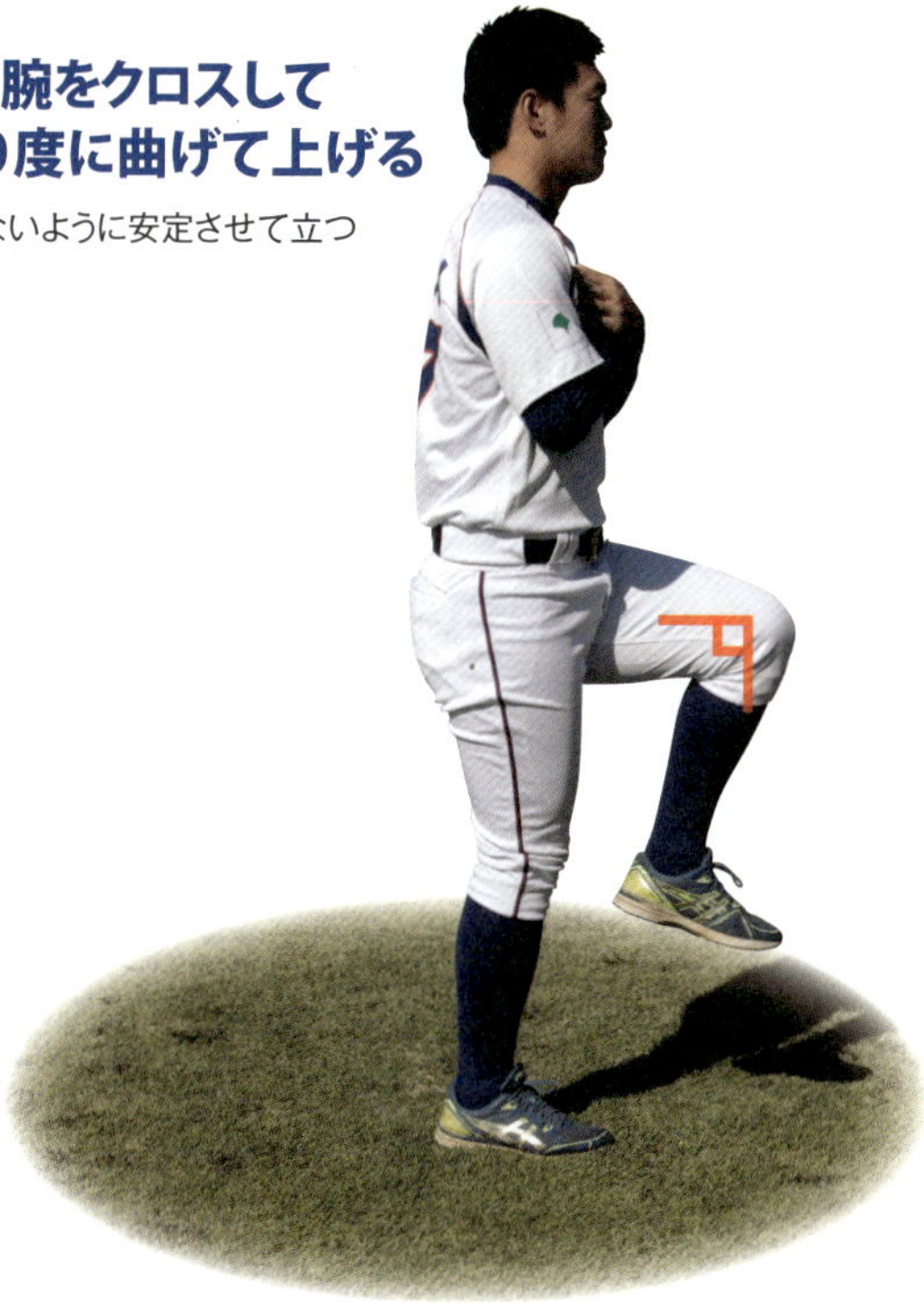

2 軸を保ちカラダを前に倒して足を後ろに伸ばす

背中から足先までをまっすぐ伸ばす

POINT

伸ばした足が横を
向かないようように注意

目安と回数

1,2を交互に連続
10回×3セット

TRAINING 07

自重トレ⑦

この姿勢のまま塁間を走る
頭の高さ一定ランジ

目安と回数

塁間を往復
×4セット

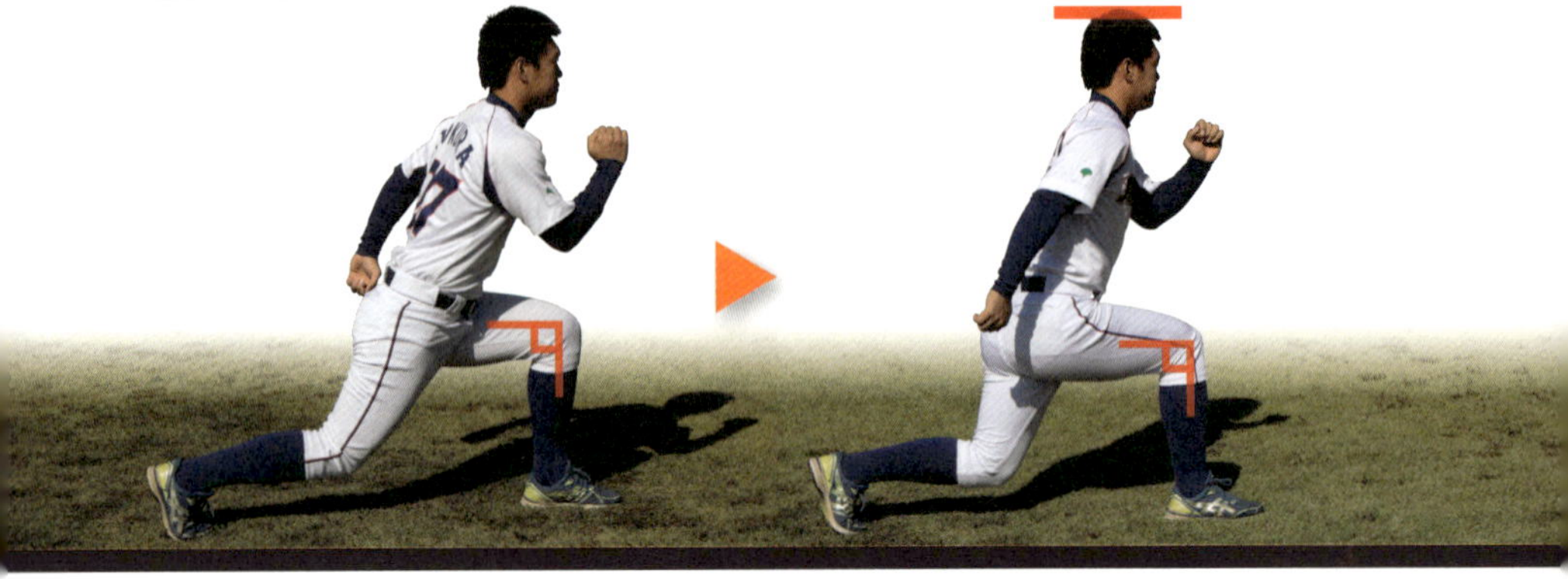

3 再びヒザを 90 度に曲げ
前に進む

4 頭の高さを変えずに
塁間を往復する

TRAINING 08

自重トレ⑧

下半身とワキ腹を同時に鍛える
ツイストランジ

目安と回数

塁間を往復
×4セット

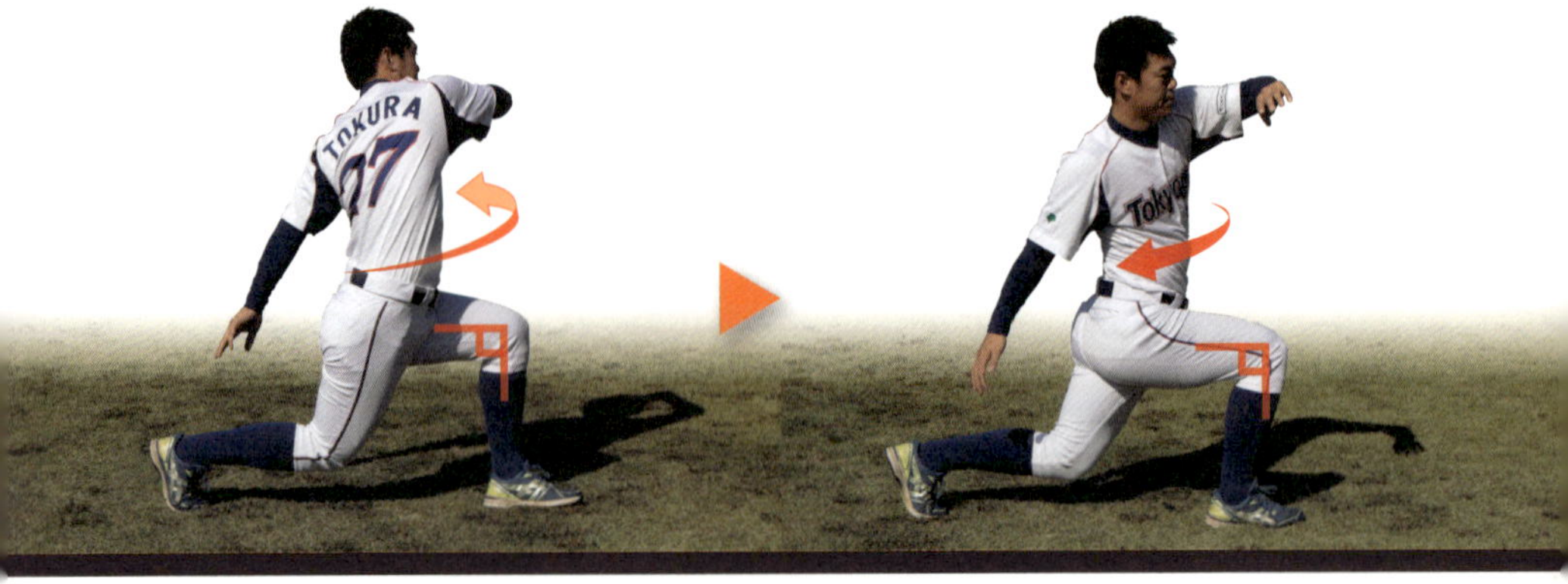

3 前足の方向に上体を
ひねりワキ腹を伸ばす

4 頭の高さを一定に保ち
ながら足を入れ替える

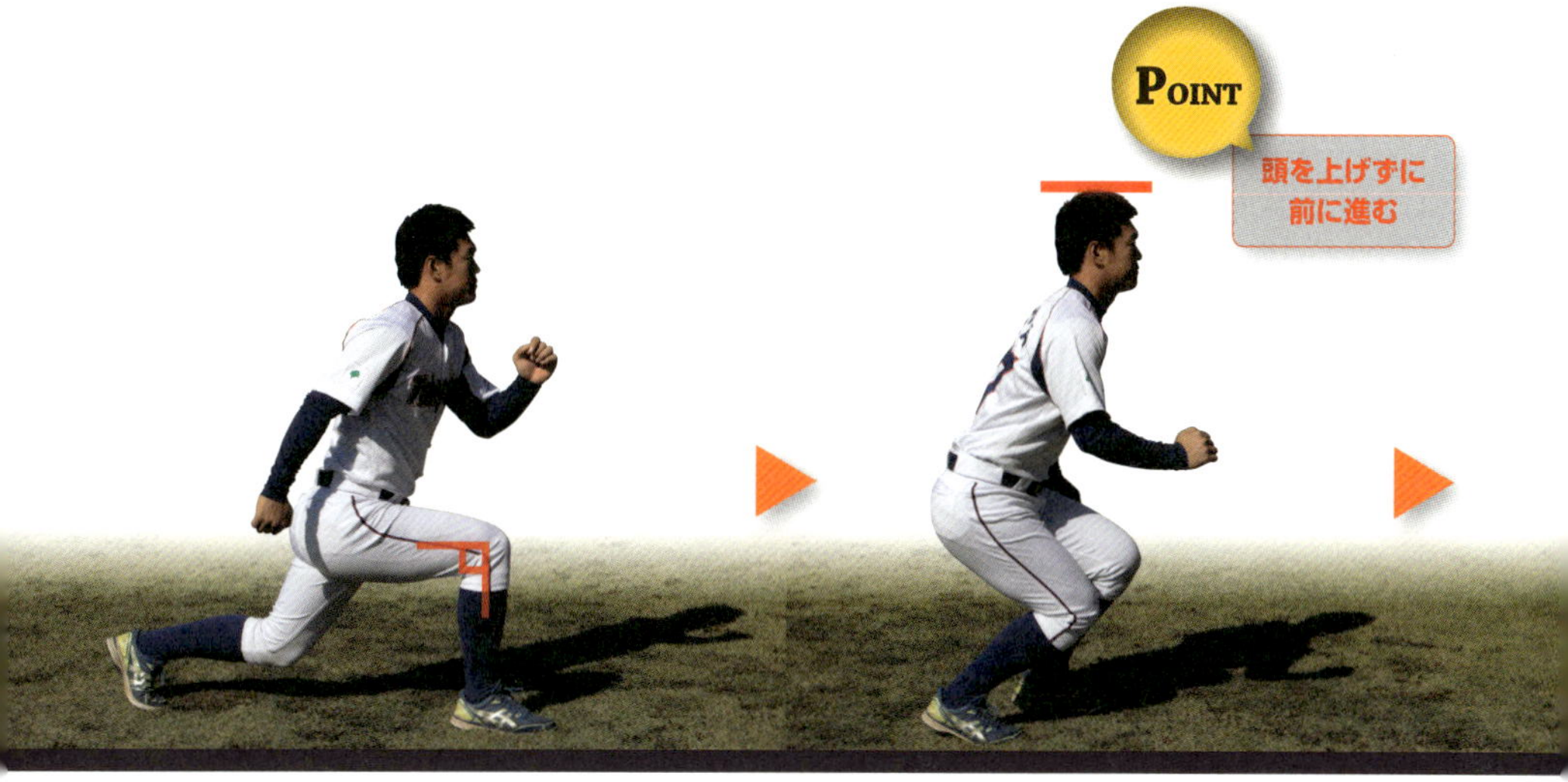
POINT
頭を上げずに
前に進む

1 腰をできるだけ落として
ヒザを 90 度に曲げる

2 頭の高さを一定に保ち
ながら足を入れ替える

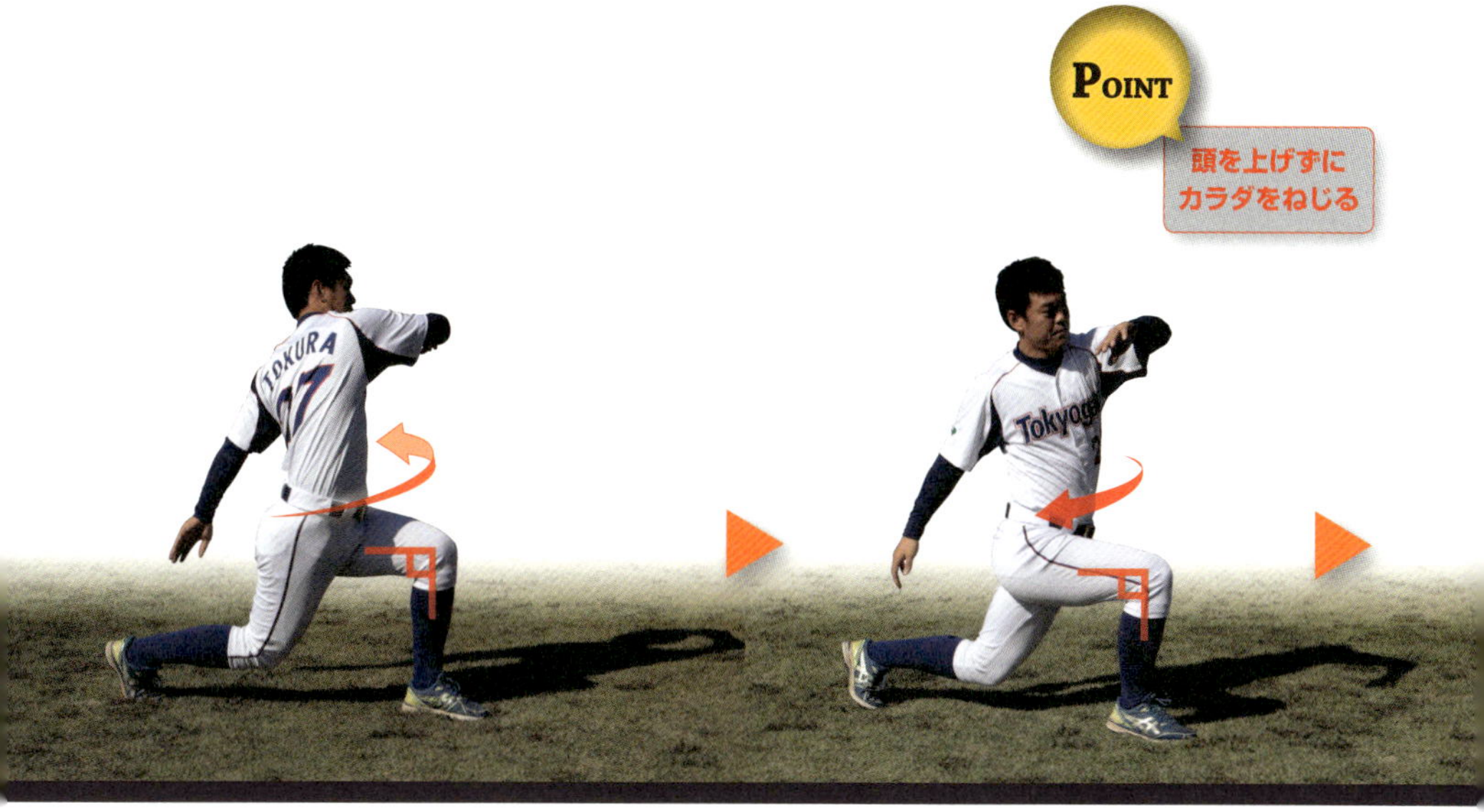
POINT
頭を上げずに
カラダをねじる

1 ヒザを 90 度に曲げたときに
上体をひねる

2 足を入れ替えヒザを曲げた
タイミングで上体もひねる

クランチ

お腹を鍛える基本の体幹トレ

1 お腹に力を入れて（ドローイン）ヒザを曲げて仰向けになる

両手は胸の前でクロスさせる

2 おヘソを見ながらゆっくりと背骨を丸めカラダを上げる

反動をつけずに 1 回ずつゆっくりとおこなう

POINT
背骨をひとつずつ丸めていくイメージ

目安と回数

10回×3セット

TRAINING 10

体幹トレ②

クロスクランチ

お腹とワキ腹を同時に鍛える

1 仰向けになり片ヒザを立てる

片方の手は頭の下に置きもう片方は肩のラインに伸ばす

2 腹筋を使って起き上がりヒジとヒザをくっつける

おヘソの上でヒジとヒザをくっつける

POINT

おヘソの上でくっつける

目安と回数

左右6回ずつ
×3セット

スイングスピードを上げる背中を鍛える
片足バックブリッジ

1 両ヒザを立てて仰向けになる

腕は 45 度に開いて地面につける

2 ヒザの延長線上に片足を上げる

足を上げ過ぎないように注意しよう

POINT
お尻が下がらないように

目安と回数

5秒キープ
×左右10回ずつ

TRAINING 12

体幹トレ④

背中とお腹をバランス良く鍛える
バックキック

1 ヒジとヒザをついて四つんばいになる

お腹に力を入れてキープしよう

2 骨盤が傾かないように片足をまっすぐ伸ばす

骨盤を地面と平行に保ったまま足を伸ばす

POINT
足を上げすぎないこと

目安と回数

5秒キープ
×左右10回ずつ

サイドブリッジ

5秒キープ×左右10回ずつ

1 半身の姿勢で横になり腰に手を置く

骨盤の傾きに注意して足をまっすぐ揃える

2 腰を持ち上げて一直線を保つ

カラダが前後に傾かないように注意しよう

目安と回数

5秒キープ
×左右10回ずつ

TRAINING 14

体幹トレ⑥

ワキ腹にさらに負荷をかけて鍛える

腕足伸ばしサイドブリッジ

1 ヒザを肩の下に置き両足を揃えて伸ばす

骨盤が傾かないように注意しよう

2 腰を持ち上げて手と足を伸ばす

カラダを傾けずに手や足をまっすぐ伸ばす

目安と回数

5秒キープ
×左右10回ずつ

体幹全体をバランス良く鍛える

片手足フロントブリッジ

1 両ヒジを立てて うつ伏せになる

ヒジは肩の下に置き肩幅程度に開く

2 片手とその対角線の足を伸ばし カラダを持ち上げキープする

骨盤が傾かないように注意しよう

POINT

骨盤の水平を
保ちながらおこなう

目安と回数

5秒キープ×左右
交互に5回ずつ

TRAINING 16

体幹トレ⑧

内ももとお腹を鍛える
レッグツイスト

1 両足を揃えたまま45 度の高さに上げる

両腕も 45 度で開き地面につける

2 両肩を浮かせずに足を左に振る（地面にはつけない）

地面ギリギリまで足を伸ばす

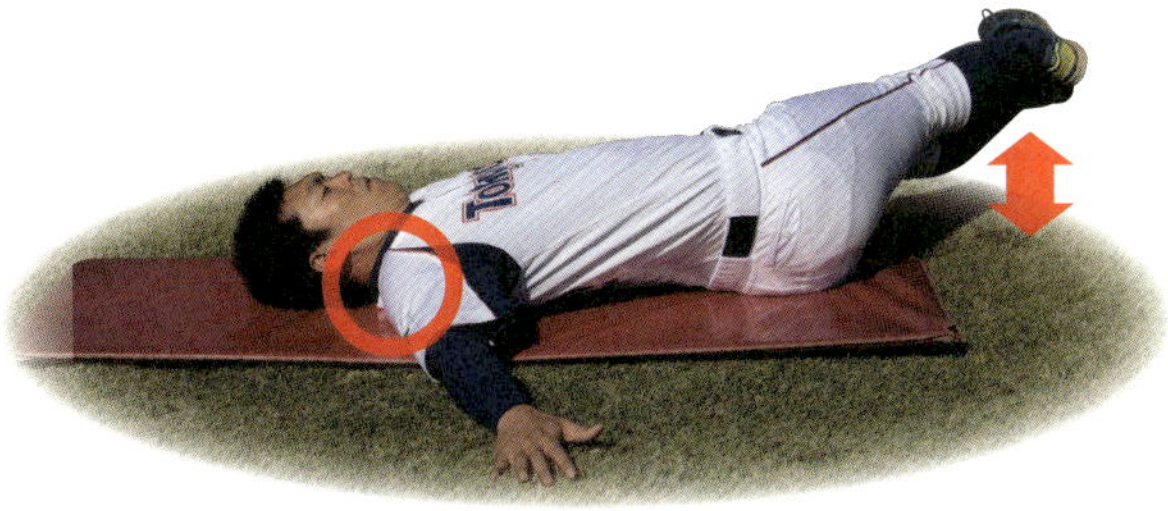

3 同じようにゆっくりと反対側にも足を伸ばす

肩が浮かないように注意しよう

POINT

反動をつけずにゆっくりおこなう

目安と回数

左右交互に
10往復

監修

平野裕一（ひらの ゆういち）

独立行政法人日本スポーツ振興センター国立スポーツ科学センター スポーツ科学研究部 部長

東京大学硬式野球部監督、東京大学教育学部助教授を経て、現在は国立スポーツ科学センターで日本のトップアスリートの競技力向上をサポートしている。

菊池壮光（きくち たけみつ）

東京ガス硬式野球部監督

「自ら考え行動する」を幹に、選手の能力を引き出す育成術には定評がある。出身プロ野球選手には、内海哲也、片岡治大、榎田大樹、美馬学、石川歩、遠藤一星などがいる。

STAFF

■ 制作

株式会社多聞堂

■ 構成・執筆

上野　茂

■ 撮影

長尾亜紀／勝又寛晃

■写真協力

iStock ／ Getty Images

■ 装丁デザイン

シモサコグラフィック

■ 本文デザイン

三國創市

■ 企画・編集

成美堂出版編集部（駒見宗唯直）

最速上達 バッティング

監　修　平《ひら》野《の》裕《ゆう》一《いち》　菊《きく》池《ち》壮《たけ》光《みつ》

発行者　深見公子

発行所　成美堂出版

〒162-8445　東京都新宿区新小川町1-7

電話(03)5206-8151　FAX(03)5206-8159

印　刷　広研印刷株式会社

ISBN978-4-415-31831-8